基于单目视觉的
智能汽车行人检测技术研究

Study on Pedestrian Detection of
Intelligent Vehicle Based on Monocular Vision

■ 于立萍　辛　晓◎著

人民邮电出版社
北京

图书在版编目（ＣＩＰ）数据

基于单目视觉的智能汽车行人检测技术研究 / 于立萍，辛晓著. -- 北京：人民邮电出版社，2018.3
ISBN 978-7-115-47473-5

Ⅰ. ①基… Ⅱ. ①于… ②辛… Ⅲ. ①智能控制—汽车—计算机视觉—研究 Ⅳ. ①U469-39②TP302.7

中国版本图书馆CIP数据核字(2017)第311097号

内 容 提 要

基于单目视觉的行人检测是城市交通环境下智能汽车辅助导航技术中的一项关键技术，也是目前计算机应用领域的研究热点之一。

本书以作者在智能汽车领域的研究成果为基础，重点讨论了基于树形 Adaboost 算法和 Haar-like 特征的行人候选区域分割算法；基于 Mean-shift 方法的多尺度检测融合算法；基于改进 Shapelet 特征的行人识别算法；基于子结构的部位集成检测器设计方法，该算法主要针对复杂场景下行人之间、行人与其他障碍物之间的遮挡问题；行人检测的在线学习与检测框架。

本书适合研究方向为智能汽车、机器学习的硕士、博士研究生及相关专业技术人员学习和参考。

◆ 著　　　　于立萍　辛　晓

　　责任编辑　邢建春

　　责任印制　彭志环

◆ 人民邮电出版社出版发行　　北京市丰台区成寿寺路 11 号
　　邮编　100164　电子邮件　315@ptpress.com.cn
　　网址　http://www.ptpress.com.cn

◆ 开本：880×1230　1/32
　　印张：4.75　　　　　　2018 年 3 月第 1 版
　　字数：128 千字　　　　2018 年 3 月河北第 1 次印刷

定价：59.00 元

读者服务热线：(010)81055488　印装质量热线：(010)81055316
反盗版热线：(010)81055315

　　基于单目视觉的行人检测是城市交通环境下智能汽车辅助导航技术中的一项关键技术，也是目前计算机应用领域的研究热点之一。它对于保障现代城市道路交通安全具有重要的作用，已经引起了各国政府和相关研究机构的高度重视。

　　本书对行人检测的关键技术进行了概述，阐述了国内外相关研究及进展情况，重点针对复杂城市交通环境下行人检测技术进行了深入研究。

　　本书的章节安排如下。

　　第 1 章首先介绍了研究背景、行人检测技术及面临的问题，然后阐述了基于单目视觉行人检测技术的研究意义、国内外典型的智能汽车系统及研究现状。

　　第 2 章概述基于单目视觉的行人检测系统，简单介绍本书的主要实验平台——多功能智能汽车 THMR-V 及常用术语的定义。

　　第 3 章根据 Haar-like 所提取的行人轮廓特征，利用树形 Adaboost 算法的简单和高效性，提取图像中可能存在行人的感兴趣区域，为下一步行人的识别提供输入信息。在保证较高检测率的前提下，可以快速地剔除大多数不包含行人的扫描窗口。

　　第 4 章介绍了基于 Mean-shift 的多尺度检测融合算法。基于 Haar-like 特征和 Adaboost 的行人候选区域分割算法对目标图片进行扫描、分类处理后，会得到许多互相重叠的检测结果。数目较多的行人候选区域，会加重行人识别阶段的工作负担，因此需要在行人识别之前首先对分割产生的检测框进行合并。在分析了多尺度检测融合算法需要解决的问题和设计原则的基础上，将检测框的融合问题转化为基于窗函数的模型估计问题，提出了基于Mean-shift 的多尺度检测融合算法，并通过引入重采样技术提高了检测融合算法的速度。

第 5 章介绍了基于改进 Shapelet 特征的行人识别。研究基于形状信息的行人识别算法。在分析现有的 Haar-like、Edgelet 特征和标准 Shapelet 特征集的基础上，对标准 Shaplelet 特征从子窗口的空间分布、归一化方法和底层特征的计算等方面进行扩展。相关实验的结果表明，改进的 Shapelet 特征与标准 Shapelet 特征相比，提高了行人识别算法的检测性能。

第 6 章介绍了基于部位的行人识别算法。针对复杂场景下行人之间、行人与其他障碍物之间的遮挡问题，将改进的 Shapelet 特征与子结构概念相结合，提出了一种基于部位集成的行人识别算法。首先将人体建模为头部、躯干、左臂、右臂和腿部 5 个部位的自然组合，从而将对目标行人的检测分解为对 5 个部位的检测，每个部位检测器采用基于改进 Shaplelet 特征的检测方法。对于部位检测器的集成，引入子结构来刻画各部位之间的位置、尺度等几何约束。为了获得最优的集成方式，引入了覆盖集概念，在集成检测器的检测率与它的拓扑结构之间建立联系。然后，采用随机搜索的方式从所有的子结构中选择满足覆盖集定义，并且具有最小虚警率的子结构组合来构建集成检测器。最后，利用马尔可夫随机场(MRF，Markov Random Field)理论来完成基于集成模型的行人检测任务。

第 7 章介绍了基于在线学习的行人检测算法。针对 Adaboost 离线学习算法的不足，提出了一种应用于行人检测的在线学习与检测框架，该检测框架除了完成行人的在线检测之外，还可以通过对漏检行人样本和错检非行人样本的在线学习，不断提升检测器的性能。相关实验表明，基于在线学习算法的检测器随着学习样本数目的增多，检测性能不断提高，当训练样本足够多时，其检测性能趋近于基于离线学习算法的检测器，并且大大减少了训练时间。

第 8 章介绍了行人检测技术的研究成果及进一步工作。针对复杂城市交通环境下行人的安全问题构建基于单目视觉的行人检测系统，研究相关的行人检测技术，对取得的研究成果进行总结并展望下一步的工作。

本书的研究工作得到了以下基金的资助：

《多源多模态图像特征融合研究及在自闭症早期诊断中的应用》，国家自然科学基金（No.61773244）；

《面向文本分类的迁移学习和半监督学习方法研究》，国家自然科学基金（No.61175053）。

本书的写作也得到山东工商学院计算机科学与技术学院领导的大力支持，在此表示衷心的感谢。

于立萍

2017 年 10 月

目 录

第 1 章

绪　　论

1.1　研究的意义及背景

智能汽车（IV，Intelligent Vehicle）是一个集环境感知、规划决策、多等级辅助驾驶等功能于一体的综合系统[1]，是充分考虑车路合一、协调规划的车辆系统，也是智能交通系统的一个重要组成部分[2]。智能汽车利用传感器技术、信号处理技术、通信技术、计算机技术等，辨识汽车所处的环境和状态，并根据各传感器得到的信息做出分析和判断，或者给驾驶员发出报警信息，提醒驾驶员注意规避危险；或者在紧急情况下，帮助驾驶员操作车辆，防止事故的发生，使车辆进入一个安全的状态；或者代替驾驶员的操作，实现汽车运行的自动化[3]。智能汽车是内涵丰富的广义概念，在不同的研究与应用领域，智能汽车相应地被称之为 OMR（Outdoor Mobile Robot）、AGV（Automated Guided Vehicle）、UGV（Unmanned Ground Vehicle）、ALV（Autonomous Land Vehicle）以及 Smart Car 等。智能汽车的研究是多学科综合与交叉应用的边缘领域，不仅涉及人工智能理论（Artificial Intelligent Theory）、信息理论（Information Theory）、控制理论（Control Theory）以及决策论（Decision Theory）

的应用，还涉及计算机控制技术、电子技术、通信技术以及机械设计等实现问题。

智能汽车致力于提高汽车的安全性、舒适性和提供优良的人车交互。其中汽车的安全驾驶又是智能汽车的核心问题。随着机动车保有量的迅速增长，一方面给人们的生活和出行带来了很大的便利，但由此带来的道路交通事故也给人民生命财产和国民经济造成巨大的损失。据国家统计局发布的《2007 年国民经济和社会发展统计公报》[4]中介绍，2007 年末，全国民用汽车保有量达 5 697 万辆（包括三轮汽车和低速货车 1 468 万辆），比上年末增长 14.3%，其中私人汽车保有量 3 534 万辆，增长 20.8%。民用轿车保有量 1 958 万辆，增长 26.7%，其中私人轿车 1 522 万辆，增长 32.5%。在 2008 年 1 月，公安部通报了 2007 年全国道路交通事故情况[5]，全国共发生道路交通事故 327 209 起，造成 81 649 人死亡、380 442 人受伤，万车死亡率为 5.1，直接财产损失 12 亿元。以上数据表明，道路交通事故已经成为社会一大公害，减少道路交通事故的发生和人员伤亡是值得全社会广泛关注的问题。为了减少日益增长的交通事故以及避免驾驶员因素所造成的交通事故，减轻驾驶员的操作强度，智能汽车相关技术的研究受到各个国家和政府的普遍关注，并投入了大量的人力、物力和财力进行系统的研究开发，以提高汽车的安全性。

从道路交通事故的成因来看，驾驶员是导致交通事故的主要因素，而行人是在交通事故中主要的受害群体。在实际的交通环境中，尤其是在我国这样典型的混合交通系统中，行人和车辆共同构成交通的主要组成部分，行人是城市交通的主要参与者之一，智能汽车要实现安全驾驶必须实现两项基本任务[6]：一是能够识别道路标记、交通标志以及周围景物，实时跟踪道路的变化，判断车辆当前在行驶道路中所处的位置；二是能够检测道路中的障碍物（主要是车辆和行人），对它们的位置、运动速度和运动方向等信息做出准确的检测和估计，判断其对本车的威胁性。对于危险情况给出警告信息，减少驾驶员的操作失误，防止交通事故的发生，提高城市交通的安全性。目前开展的智能车障碍物检测研究中，关于道路中车辆检测的系统相对较多[7~12]，但是关于行人检测的系统还较少。对行人进行检测是将来的智能汽车辅助驾驶系统必须具备的功能，它能有效地辅助驾驶员及时地对外界环境做出反应，避免碰撞行人。开展行人检测技术的研究已经成为智能汽车领域中备受关注的前沿方向。

行人检测不仅在智能交通系统中有广泛的应用，在其他方面也有非常重要的研究价值。例如，通过分析行人行为，可以对行人行为做出判断，实现对停车场、车站、商场、银行、博物馆、军事禁区等安全敏感地点的监控，从而节省大量的人力物力，并且提高检测和监控的精度。

关于智能汽车的行人检测，可以采取多种实施手段，但是与激光扫描雷达、相控阵声呐、毫米波雷达等目前常用于智能汽车上的传感器相比，光学视觉信号具有检测范围宽、目标信息完整、无环境影响、造价低廉并且更符合人的认知习惯等显著的优点，因此计算机视觉在智能汽车障碍物检测中的应用显得越来越重要，并表现出很好的发展前景，已经成为智能汽车上一个不可缺少的组成部分。现有的部分基于视觉的智能汽车系统采用双目视觉[13, 14]，这种方法对深度信息的探测比较有效，但这样的系统计算量大，顽健性和实时性差，软硬件成本高。对于车辆导航或者辅助驾驶以及简单的交通监控应用而言，由于实时性要求较高，成本控制严格，因此一般采用基于单目视觉系统的方法。

综上所述，基于单目视觉的行人检测是城市交通环境下智能汽车辅助导航技术中的一项关键技术，也是目前计算机应用领域的研究热点之一。它处于智能汽车辅助导航技术的底层，是各种后续高级处理如目标分类、行为理解等的基础[15]，对于保障现代城市道路交通安全具有重要的作用。行人检测在智能监控系统、虚拟现实、机器人应用等方面也将得到广泛的应用，因此已经得到越来越多研究者的重视，国内外的很多大学和研究机构在相关方面的研究工作已经取得进展。但是行人检测涉及计算机视觉、模式识别、人体生理学、心理学等多方面问题，是一个复杂的系统工程，目前还有许多理论及技术问题有待解决。开展这方面的研究工作具有重要的理论和现实意义，并且具有潜在的经济价值和广泛的应用前景。下面首先介绍一些国内外典型的智能车辆系统及其在行人检测方面的研究进展。

1.2　国内外研究的进展与典型系统

世界上第一辆智能汽车于 1979 年在日本研制成功[16]，装有 2 台摄像机及专用的信号处理系统和控制系统，测试时速达 30 km/h。但全面的研究是于 20 世纪 80 年代早期同时在美国和德国基于不同的目的完全独立开始的，其起源可以追溯到当时由美国发起的星球大战（Star War）计划和欧洲发起的尤里卡（Eureka）计划[17]。进入 20 世纪 90 年代后，随着持续增加的由道路交通拥挤、堵塞等情况所引发的交通安全性、效率的下降以及交通成本和环境污染加大等问题的日益严重，各国纷纷成立了专门解决这些问题的相关组织并启动了相应的项目计划，导致了与智能汽车相关的研究领域的兴起。在美国、欧洲、日本、中国都出现了大量的研究机构并研制了众多的原型系统。下面将对其中一些典型的系统及其相关技术进行介绍。

1.2.1 美国的研究进展及典型系统介绍

美国卡内基·梅隆大学（CMU, Carnegie Mellon University）NavLab 实验室已经先后开发了从 NavLab 1 到 NavLab 11 一系列的智能汽车实验平台和多种视觉导航系统，如 SCARF、UNSCARF、YARF、ALVINN 以及 RALPH 等[18]。图 1-1 所示的是 Navlab 家族中的最新成员——Navlab11 原型车，该车由一辆 Wrangler 吉普车改装而成，装备了差分 GPS 全球定位系统、陀螺仪与磁罗盘、激光雷达、全向摄像系统、激光线发生器等设备。该车利用激光雷达和视觉传感器，可以对道路上的车辆、行人等运动目标和其他静止目标进行探测。

图 1-1　CMU 的 NavLab11 系统

美国军方的 Demo 计划是 1992 年由 DARPA（The Defense Advanced Research Projects Agency）及国防部长办公室联合机器人计划处（JRP, Joint Robot Program）资助进行的，主要研究高速遥控及简单的"学习"功能等近期技术，如自动返回能力等。1996 年 JRP/DARPA 又资助了 DemoII 计划[19]，演示了越野自主机动性，它采用立体视觉探测障碍物，车辆速度达到 12.9 km/h。

1997 年，美国国防部正式启动了 DemoIII 计划[20, 21]。该计划是自地面自主车辆计划以来最重要的半自主机器人计划。它主要研究感知、智能控制及人机接口技术，以便使机器人车辆能够以 32 km/h 的速度自主越野行驶。DemoIII 计划的实验车外形如图 1-2 所示。

图 1-2　美国国防部 DemoIII 计划实验车

1.2.2　欧洲的研究进展及典型系统介绍

早在 20 世纪 80 年代早期，德国的联邦国防大学 UBM 就开始了专门用于高速公路的智能汽车视觉导航技术的研究。VaMoRs 是 UBM 开发的第一款智能汽车实验平台，由一辆 5 吨货车 MB 508D 改装而成，VAMP（VaMoRs-P）是 UBM 开发的第二款智能汽车实验平台，由一辆轿车 MB 500 SEL 改装而成[22, 23]（如图 1-3 所示）。

传感器系统是由 4 个小型彩色 CCD 摄像机构成的两组主动式双目视觉系统，其中一组双目彩色 CCD 摄像机完成道路前方障碍物的探测。

图 1-3　UBM 的 VAMP 与 VaMoRs 智能汽车实验车

　　ARGO 是由意大利帕尔马大学于 20 世纪 90 年代中期研制成功的智能汽车系统（如图 1-4 所示）。车体由 Lancia Thema 2000 客车改制。视觉传感器包括两部焦距为 6 mm 的黑白 CCD 摄像机，这两部摄像机组成了一套双目立体视觉系统。视觉信息的处理由 GLOD（Generic Lane and Obstacle Detection System）来完成[24, 25]，GLOD 可以实现车道检测、障碍物检测等功能。GLOD 通过逆投影映射（IMP, Inverse Perspective Mapping）、区域增长、逐行扫描等技术来识别车道线。障碍物检测采用立体视觉的方法，把检测障碍物退化为检测车辆前方的自由空间，即搜索车辆可以安全行驶的区域。利用 IPM 转换得到了两幅重建的图像（Remapped Image），根据路面水平的假设，两幅重构的图像在没有障碍物时应该是相同的，如果发现不同则说明存在障碍物，因为障碍物具有一定的高度，以此障碍物上同一点在左右投影图像中的对应像素位置不同，就会产生平面视差，从而确定障碍物的存在，并估算障碍物与智能汽车之间的距离。

图 1-4　Parma 的 ARGO 系统

　　另外，2000 年，由欧盟赞助，包括戴姆勒－克莱斯勒、德国大众、菲亚特、西门子等在内的多家汽车相关企业和研究单位共同合作开发旨在研究行人保护方案的名为"PROTECTOR（Preventive Safety for Unprotected Road User）"项目，采用立体视觉、激光扫描仪和雷达等多种传感器来有效地保护行人等道路交通参与者，已经取得了初步的成效[26]。2002~2005 年的 SAVE-U（Sensors and System Architecture for Vulnerable Road Users Protection）[27,28]项目实现的目标就是减少行人和车辆碰撞造成的伤亡数量和事故等级，并在危险状况下警告驾驶员或车辆自动减速停车。SAVE-U 项目采用单目彩色摄像机、红外摄像机和雷达等融合的方法来实现车辆前方 5~25 m、侧向 1.4~4 m 范围内行人的有限保护。安装各种传感器的智能汽车如图 1-5 所示。

图 1-5　SAVE-U 项目的智能汽车及其传感器

1.2.3　日本的研究进展及典型系统介绍

作为世界上第一辆智能汽车[29]（如图 1-6 所示）的诞生地，日本也是最早研究智能汽车及相关技术的国家之一。日本一直将智能汽车研究的重点放在智能交通系统（ITS, Intelligent Transportation System）领域，其研究与应用开发工作主要围绕三个方面进行：汽车信息和通信系统（VICS, Vehicle Information and Communication System）、不停车收费系统（ETC, Electronic Toll Collection）和自动高速公路系统（AHS, Automated Highway System）。此外，日本还制定了智能道路（Smartway）计划和先进安全型汽车（SASV, Smartcar Advanced Safety Vehicle）计划。SASV 计划通过汽车上的电子导航系统、车辆间通信设备和自动驾驶装置，获取行车路途上的交通状况并选择最佳行车路线，依靠车道白线、车辆间通信等信息进行自动或半自动驾驶。

图 1-6　世界上第一辆智能汽车

从 1995~2000 年，全球范围内共召开了 8 次大型的 AHS 研究成果演示试验[29]。图 1-7 所示为 2000 年演示时的相关图片。该次演示主要对巡航辅助系统的 7 个主要方面进行了测试（如图 1-8 所示）。

（1）前方障碍物检测和避障。当检测到前方车辆或其他障碍物时，提醒驾驶员注意，给出驾驶信息、警报或操作支持。

（2）曲线路段转弯防超调。在接近转弯道路时检测转弯曲线的距离和形状，给出驾驶信息、警报或操作支持。

（3）车道线防偏离。根据道路上的车道线得到车辆的横向信息，给出驾驶信息、警报或操作支持。

（4）十字路口防碰撞。检测可通行路口的接近车辆，给出驾驶信息和警报。

（5）右转防碰撞。检测可右转十字路口及接近车辆，给出驾驶信息。

（6）过街行人防碰撞。检测过街行人，给出驾驶信息。

（7）路面信息检测及车距保持。评估路面状况并保持与前方车辆的适当距离，给出驾驶信息。

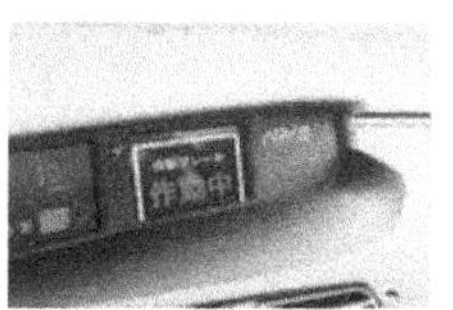

图 1-7　Joint Tests Demo2000 演示

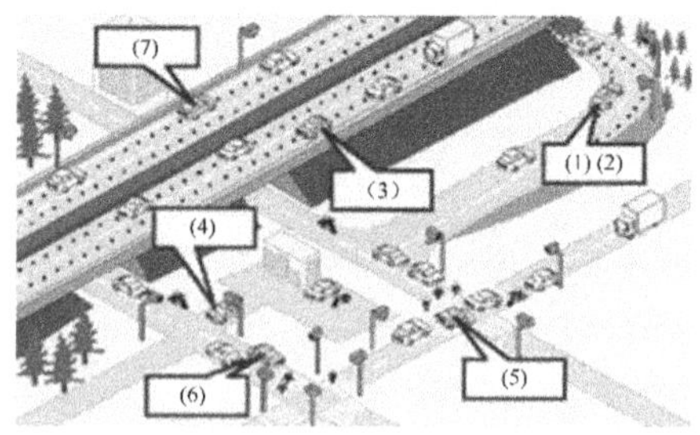

图 1-8　Joint Tests Demo2000 功能测试

1.2.4　中国的研究进展及典型的系统介绍

我国对智能汽车的研究起步相对较晚，但也已取得了很大的进展。国内对智能汽车的研究基本上集中在高校，十几年来先后有多所高校开发出了自己的智能汽车原型系统。

清华大学计算机系智能技术与系统国家重点实验室 THMR 课题组[30]从 20 世纪 80 年代后期开始研究移动机器人技术。从 1992 年开始，THMR 课题组在成功完成 THMR-I、THMR-II、THMR-IIA 三辆室内移动机器人开发的基础上，开始研究室外移动机器人视觉导航技术和遥操作技术，先后开发了 THMR-III 和 THMR-V 两款室外移动机器人实验平台。THMR-V 系统[31~35]（如图 1-9 所示）是清华大学智能移动机器人课题组自主研制开发的新一代多功能室外移动机器人实验平台，不仅具有面向高速公路和一般道路的功能，而且还包括临场感遥控驾驶功能。车体采用道奇 7 座厢式车改装，装备有彩色摄像机、GPS、磁罗盘光码盘定位系统、激光测距仪 LMS220 等。计算机系统采用普通的计算机两台，其中一台进行视觉信息处理、检测和识别车辆前方的障碍物，另一台完成信息融合、路径规划、行为控制、决策控制等功能。4 台 IPC 工控机分别完成激光测距信息处理、定位信息处理、通信管理、驾驶控制等功能。

图 1-9　清华大学 THMR-V 系统

国防科技大学自动化研究所无人驾驶技术课题组长期以来都在进行自主驾驶技术的研究，先后独立或协作进行了多项自主驾驶技术的研究工作。在车辆视觉导航、路径规划、智能系统结构、车辆操纵控制等多个相关的领域，均获得了重要进展。其研制的 CITAVT-IV 型自主驾驶吉普车（如图 1-10 左图所示）是以在结构化道路环境下的自主驾驶技术的研究为主要目标的[36]。车体采用 BJ2020SG 吉普车改装。配备了里程仪、激光陀螺、磁敏感转速仪来感知车体自身状态，视觉传感器采用了远近距双目摄像机系统。2001 年 9 月，与中国第一汽车集团公司合作，研究高水平的汽车自主驾驶技术——红旗 CA7460 自主驾驶汽车[37]（如图 1-10 右图所示）。其多项指标均达到或超过了当今世界汽车自主驾驶的先进水平。

图 1-10　国防科技大学的 CITAVT-IV 自主车和红旗自主车

西北工业大学自动化学院常好丽等[38]提出了一种在摄像机静止情况下基于单目视觉的运动行人检测与跟踪方法。检测阶段通过自适应背景模型快速提取背景图像，用动态多阈值方法二值化差分图分割运动行人；跟踪阶段引入灰色模型作为行人运动模型，预测行人运动，融合行人多种特征建立目标匹配模板，对行人连续跟踪。图 1-11 所示为系统对单人、多人进行检测和跟踪的结果。

图 1-11　单目视觉行人检测与跟踪结果

　　SpringRobot 系统是西安交通大学人工智能与机器人研究所智能车辆课题组搭建的一个智能汽车实验平台，车体由一辆运动多功能车改装，装备有彩色摄像机、差分 GPS、毫米波雷达和激光雷达等传感器。该系统可以实时地完成道路检测、行人检测、车辆检测等任务，并根据检测的结果给出相应的警告信息和控制信号。基于该实验平台，程宏等[39]利用支持向量机来进行行人检测，通过稀疏 Gabor 滤波器提取行人样本图像中的特征，然后利用支持向量机来训练分类器，并用训练得到的分类器通过遍历图像的方式将图像中可能属于行人的窗口提取出来，如图 1-12 所示。

图 1-12　西安交通大学的 SpringRobot 系统与行人检测结果

　　吉林大学研制的 JLUIV-IV 智能汽车系统（如图 1-13 所示），装备了 CCD 摄像机、激光雷达、全球定位系统、速度传感器等。

基于该实验平台，郭烈等[40]利用视觉传感器信息丰富的特性，提出了一种基于边缘对称性的行人检测方法。利用 Sobel 算子和 Hough 变换确定车辆前方的感兴趣区域（ROI, Region of Interest），然后提取感兴趣区域图像的垂直边缘，根据行人腿部的垂直边缘对称性确定垂直边缘对称轴，并结合行人形态特征以确定行人初始候选区域，最后采用灰度对称性和局部熵对行人候选区域进行目标识别验证。部分行人检测的结果如图 1-14 所示。

图 1-13　吉林大学 JLUIV-IV 系统

图 1-14　行人检测结果

除了上述典型系统之外，国内还有其他一些高校也研制出了自己的智能汽车试验平台，如清华大学汽车系汽车安全与节能国家重点实验室研制的 THASV-I 实验车（如图 1-15 所示），包含了前向避障与报警辅助驾驶系统、自适应巡航系统和车道保持系统三个子系统。

图 1-15 清华大学汽车系 THASV-I 实验车

1.3 国内外基于视觉的行人检测技术的研究现状

基于视觉的行人检测目前仍旧是计算机视觉领域内一个很具有挑战性的课题，原因在于以下几点。

（1）行人姿态变化万千：可能会站立、行走或者奔跑等，在行走时可能会不可预测地改变运动方向。

（2）行人的服饰多样化：穿着各种款式、颜色的衣服，而衣服的颜色有时很容易和背景混淆，行人可能戴着帽子、挎着背包等。

（3）行人所处的背景非常复杂：包括建筑物、移动或停泊的车辆、道路标志牌和信号灯、电线杆、树木等，有些背景的形状与行人也很相似。

（4）运动状态的摄像机：这是由于其特定的应用领域决定的，这样广泛应用于智能监控领域中检测动态目标的方法便不能直接使用。

（5）算法的顽健性和实时性要求：行人检测面临的是一个开放的环境，要考虑不同的路况、天气和光线变化，这些对算法的顽健性提出了很高的要求，另外实时性也是系统必须满足的，这就要求采用的图像处理算法不能太复杂。

基于视觉的行人检测通常分为两种模式。第一类检测方法分成以下两个步骤：感兴趣区域分割（ROI, Regions of Interest）和目标识别阶段。感兴趣区域的分割是用粗略的检测方法从图像中快速分割出所有可能含有行人的候选区域，而后续精确的目标识别都在这些候选区域中进行，从而大大减少了所需处理的数据量；第二类方法对行人的检测在一个阶段内完成，用不同大小的窗口遍历整幅图像，对所有的窗口进行检测，判断其是否为行人。出于实时性的需要，本文采用基于感兴趣区域分割和目标识别的两阶段检测方法，避免了穷尽搜索，提高系统的速度。下面分别从这两个方面来介绍一些常用的检测方法。

1.3.1　感兴趣区域分割

感兴趣区域分割是行人检测的第一阶段，其目的在于剔掉一些明显不具备行人特征的检测窗口，缩小目标识别阶段的检测范围，从而大大减少了所需处理的数据量。根据分割所用的信息，可将 ROI 分割的方法分为基于运动信息、基于距离信息和基于图像特征信息三种方法。各种方法具有不同的约束环境，在实际系统中，也可以将各种方法结合在一起使用，彼此互补。

（1）基于运动信息

运动信息是在一个场景中检测感兴趣区域的常用线索。它主要使用了图像序列的时域信息。同样由于摄像机运动的原因，基于图像差分的方法很难直接用于智能汽车的行人检测。大部分基于运动信息的区域分割算法都是使用基于光流分析的运动检测来进行行人候选区域的分割。

光流（Optical Flow）是指时变图像中模式运动的速度。因为当物体运动时，它在图像上对应点的亮度模式也在运动。这种图像亮度模式的表观运动（Apparent Motion）就是光流。光流表达了图像的变化，包含了目标运动的信息，因此可用来确定目标的运动情况。由光流的定义可以引申出光流场，它是指图像中所有像素点构成的一种二维瞬时速度场，其中的二维速度矢量是场景中可见点的三维速度矢量在成像表面的投影。光流场的不连续性可以用来将图像分割成对应于不同运动物体的区域。首先在图像中计算表征相邻帧间像素运动的光流场，然后根据光流场估计出摄像机的主运动，最后通过分析光流场中与主运动不一致的光流，检测出障碍物。

例如，Stein 等[41]首先利用光流法估计车的运动，补偿车辆的运动后再利用时间差分从而得到运动物体。Heisele 等[42]根据行人走路时腿部周期性的运动特征，从彩色序列图像中对运动的行人进行检测和识别。它首先对每幅图像依据其颜色特征进行聚类分块，然后采用实时立体算法检测和跟踪可能包含行人的图像区域，最后基于行人腿部的特定运动模式使用时滞神经网络的分裂式聚类算法来对行人进行分类。这种方法要求假设行人的双腿必须是可见的，而且只能检测运动的行人，对于静止行人的检测是失效的。Bregler[43]的分析基于相同颜色像素小区域的连贯运动，每个像素点都被赋予了一个属于某给定小区域的可能概率，而且每个小区域的移动都被按照运动的概率模型进行分类以准备下一阶段的行人识别。

基于运动信息来获取 ROI 的方法的优点是不受行人姿态的影响，顽健性较好。缺点是只能检测运动的行人。所以目前主要应用在智能监控领域，在智能汽车系统中往往只作为一个辅助的手段[44]。

（2）基于距离信息

基于距离信息的方法是通过测量目标到智能汽车的距离来获取 ROI。一般可以通过立体视觉来完成基于距离信息的 ROI 分割。20 世纪 80 年代初期，Marr[45]提出了一种视觉计算理论并应用在双眼匹配上，使两张有视差的平面图产生有深度的立体图形，奠定了双目立体视觉发展的理论基础。立体视觉是仿照人类利用双目线索感知距离的方法，实现对三维信息的感知。在实现上采用基于三角测量的方法，用两个或多个摄像机对同一景物从不同位置成像，并进而从视差中恢复距离。

Zhao 等[13]利用基于立体视觉获得的视差图像对目标区域进行分割，然后将子目标候选图像合并和分离成满足行人尺寸和形状约束的子图像，最后将所有探测到的可能含有行人目标的矩形区域输入到前馈神经网络进行行人的识别。

Liu 等[46]结合了运动信息和距离信息来获取行人的 ROI。首先基于立体视觉获取图像的视差图，然后根据连续图像帧的视差图，可以获得图像中运动物体的分割，最后通过基于形状特征的分类器对 ROI 进行识别，剔除其他移动目标（如车辆等）。相关的实验结果表明了该算法的有效性。

基于距离信息的 ROI 的分割算法的优点是受行人姿态变化的影响较小，受周围环境、光照等条件的影响也不大，但是由于需要额外的设备，增加了系统的成本，同时计算量也相应增加，不利于满足系统实时性的要求。

（3）基于图像特征信息

基于图像特征信息来获取 ROI 的方法是指通过检测与行人相关的图像特征从而得到 ROI。对于一般的可见光图像来说，常用的特征包括行人的形状轮廓特征、局部区域的熵和纹理等，如 Broggi 等[47]提出将图像中的垂直对称性与站立行人（运动或静止）的候选区域关联起来。进一步的信息从对称图的水平边缘及每列的数目得到。然后用一个边界框将感兴趣区域封闭起来以用于一个独立的识别步骤。Curio 等[48]提出了一个更复杂的系统，该系统使用一个由局部图像熵组成的激活域。一个有着 Λ 形状的基于模型匹配的模板被用来代表行人的双腿，通过逆投影映射（双目视觉）来得到短距离域。得到的信息被组合进时间动态激活域以进行后续的分析。再如 Shashua 等[44]将图像的纹理特征引入 ROI 的检测，将图像中缺乏纹理、或者位置和尺寸不满足先验知识的区域剔除，将剩余的区域作为 ROI 使用。

对于红外图像来说，主要根据人体尤其是人脸的温度比周围环境温度较高这一特征，通过检测一些热点（Hot Spot）来得到 ROI。例如，Xu 等[49]提出根据红外图像中的热点获取 ROI，然后利用支持向量机的方法对行人候选区域进行分类，最后结合卡尔曼预测估计和 Mean-shift 算法对行人进行跟踪。另外，Bertozzi 等[50, 51]提出了利用红外立体成像对行人进行检测，由于传统的 CCD 摄像机采集的图像易受光照的影响，对图像中目标的识别变得困难，且在夜晚、雨天或有雾的天气情况下根本无法使用。而红外成像基本不受上述因素的影响，同时依据人体的特殊形状及对称性的特征，可排除其他物体如车辆干扰，利用双目系统同时还能获得行人的距离信息。

基于图像特征信息获取 ROI 方法的优点是直接利用了图像信息，不需要额外的传感器。缺点是由于智能汽车的应用环境复杂多变，很难定义每种场景都适合的特征信息。

1.3.2　目标识别

经过感兴趣区域分割从原始图像中得到可能含有行人的一些小区域后，目标识别的目的就是从这些小区域中找出真正的行人。根据利用信息的不同，目标识别可以分为基于运动信息的识别和基于形状信息的识别两种方法[52]。

（1）基于运动信息的方法

基于运动信息的识别方法指通过分析人运动时的步态（Gait）特征来识别行人。行人步态的周期性是识别行走中行人的非常有用的线索。特别是在视觉方向上横向移动时，步幅一般平行于摄像机平面而且特征比较明显，这样就提供了一个有效的方法来减少之前感兴趣区域中的误检。

一些系统通过对图像区域进行频率分析来提取行人的步态特征。提取的步态特征经过分类器或简单阈值化（类似于带通滤波器的处理方法）的统计方法做出最终的判断[53, 54]。Cutler 等[55]首先将 t 时刻图像与在 $t\text{-}\tau$ 时刻同样稳定的图像相减，通过选择合适的阈值，得到代表运动目标像素点的映射图。通过跟踪感兴趣的运动目标，计算出目标随着时间变化的自相关特性，然后使用一个带有 Hanning 窗函数的短时傅里叶变换来分析得到的相关信号，进而识别出行人。Curio 等[48]提出了一种综合步态和统计分析的方法。在感兴趣区域内跟踪行人的躯干部位，根据人体各部位之间的位置关系，对躯干部位的底部进行运动分析，得到关于腿部的运动特性。两条腿的粗糙模型包括两条棒状的部分，在膝盖处有连接，并列在跟踪得到的躯干部位下方的图像区域中。将周期性的运动检测与从行人步态周期的统计平均中得到的实验曲线进行相关，相关函数曲线的顶点处就表示有行人的存在。Wohler 等[56]提出将一个执行局部时空处理的自适应时间延迟神经网络算法用于对图像序列进行分析，以识别典型的运动模式。在该方法中，行人在一个完整步态周期中的形状通过网络学习得到。

基于运动信息的目标识别算法，具有较强的顽健性，不受行人纹理特征和环境光照变化的影响，但该算法也常常依赖于一个清晰的行人侧视图，因此经常用于对车辆前方横穿马路的行人进行检测。另外，应用该算法是无法检测到静止的行人的。

（2）基于形状信息的方法

通过分析目标的灰度、边缘和纹理等信息来对目标进行识别。基于形状信息的方法的优点是不需要考虑图像序列时间域的信息，可以检测出静止的行人，但是缺点是容易产生大量的虚警（False Poisitve）。现将基于形状信息的行人识别方法进一步细分为基于模板匹配（Template Matching）的方法和基于统计分类（Statistical Classification）的方法。

① 基于模板匹配的方法

该方法使用预先定义的行人类别的模板与感兴趣区域进行比较，通过度量模板与感兴趣区域之间的距离来检测出真正的行人。不同的文献对模板的定义不尽相同，有的松散，有的严格。基于模板匹配的算法的优点是计算简单，缺点是由于行人姿态的复杂性，很难构造出足够的模板以处理不同的姿态，因而算法的不确定性较高。基于模板匹配的典型算法是由 Gavrila[57]提出的两阶段行人检测算法，该算法已经应用于 PROTECTOR 项目的 UTA（Urban Traffic Assistant）系统中。第一阶段是基于轮廓特征的分层匹配，有效地获取行人目标。系统中使用了大约 2 500 个轮廓模板，这些模板可以是参考模板的几何变形或者行人常表现的轮廓形状。为了解决众多模板引起的匹配速度下降问题，Gavrila 采用了由粗到细的分层搜索策略以加快搜索速度。匹配的时候不是直接计算模板与原始图像的距离，而是首先对原始图像进行距离变换（DT, Distance Transform），然后再计算模板与经过距离变换之后的图像之间的 Chamfer 距离。采用 DT 图像而不是原始图像计算距离的好处是，得到的距离测度是模板变换参数的平滑函数，方便了快速搜索。算法的第二阶段，对模板匹配成功的区域提取其亮度信息，运用径向基（RBF, Radial Basis Function）函数对其进行进一步的验证。再如 Broggi 等[47]和 Beymer[58]等对头和肩膀使用了一个 Ω 模板。这种方法对比例变化很敏感，所以需要不同比例的多个模板。在这两个系统中，分别使用了按照距物体不同的估计距离从粗糙到精细分辨率的 3 和 5 个不同的模板。Fujiyoshi 和 Lipton[54]使用了一个提取骨架的过程来表示之前检测到的前景物体的形状。对每个物体，首先计算该区域的质心，然后计算每个边界点距离质心的距离。距离函数的局部最大值就被作为骨架的外部点。

② 基于统计分类的方法

基于统计分类方法的原理是从一系列反映行人不同外观的训

练图像（通常也会有一些非行人的训练图像用以改善性能）中学习行人的特征从而用于检测。首先，每幅训练图像被一系列局部或全局的特征表示，接着行人和非行人的判决边界通过训练的分类器或每类特征的概率分布模型来学习。基于统计分类的方法的优点是适用范围很广，顽健性强，缺点是需要很多训练数据，并且很难解决姿态变化和遮挡的问题。基于统计分类的方法主要包括两个步骤：特征提取和分类器设计。特征提取的基本任务是如何从许多的特征中找出最有效的特征。一般针对小样本集，用很多的特征进行分类器设计，无论从计算的复杂度还是分类器的性能来看都是不适宜的。因此降低数据的维数，得到能反映模式本质属性的特征，方便后面的分类是特征提取阶段的重要任务。分类器设计属于机器学习领域的范畴，其目的是得到一个计算复杂度较低，并且推广性较好的分类器。针对行人识别问题，可根据分类器的设计方法将现有的基于统计分类的方法分为基于神经网络（NN, Neural Networks）的方法、基于支持向量机（SVM, Support Vector Mechine）的方法和基于 Adaboost 的方法[52]。

神经网络对外界输入样本具有很强的识别与分类能力。对输入样本的分类实际上是在样本空间找出符合分类要求的分割区域，每个区域内的样本属于一类。神经网络可以很好地解决对非线性曲面的逼近，因此比传统的分类器具有更好的分类与识别能力[59]。神经网络已经成功地应用在模式识别领域中的光栅字符识别和人脸检测上，它在行人的检测上也有广泛的应用。例如，Zhao 等[13]利用基于立体视觉获得的视差图像对目标区域进行分割，然后将子目标候选图像合并和分离成满足行人尺寸和形状约束的子图像，最后提取候选图像的梯度信息作为特征训练，得到一个三层的前馈神经网络用于行人的识别。采用梯度信息而不是原始灰度图像或者二值图像作为特征的原因是为了消除光照的影响，同时避免二值化时阈值的选择问题。又如 Szarvas 等[60]采用卷积神经网络（Convolutional Neural Network）训练得到行人检测分类器。卷积神经网络可以避免显式的特征提取，而隐式地直接从训练数据中进行学习，通过结构重组和减少权值将特征提取功能融合进多层感知机（MLP, Multi-Layer Perceptron）。系统能够通过自动优化检测过程中的特征来获得高准确度并自动调整网络，网络输入直接为行人样本的灰度图像。

支持向量机（SVM）是在统计学习理论的基础上发展起来的一种新的模式识别方法。在解决小样本、非线性及高维模式识别问题中表现出许多特有的优势。传统模式识别理论认为，分类器的识别能力可以用样本训练中得到的经验风险来衡量，即只要经验风险足够小，那么对未知数据识别时所产生的实际风险一定也小。支持向量机理论却认为[61]，分类器对未知数据进行分类时所产生的实际风险不是由经验风险单独决定的，而是由两部分组成：一部分是训练时得到的经验风险（如果经验风险很小，而实际风险很大，就叫过学习问题）；另一部分称作置信范围，它和分类器的 VC 维及训练样本数有关。支持向量机使用结构风险最小化准则来选取 VC 维,使每一类别数据之间的分类间隔最大，最终使实际风险最小。所以基于结构风险最小化的 SVM 分类方法，相比较基于经验风险最小化的神经网络方法具有更好的泛化能力。

SVM 被广泛地应用于模式分类问题，在行人检测方面也有许多成功的应用。例如，Mohan 等[62]提出了一个基于部位（Component-

based）的行人检测框架，通过用部位检测器在单帧图片中检测人体。行人检测系统由 4 个部位检测器和一个装配检测器组成。4 个部位检测器分别为头部、腿部、左臂和右臂检测器，部位和装配检测器都是基于 Haar 小波特征，采用 SVM 方法训练得到。实验结果显示这个系统的检测性能明显优于单个检测器，它能够检测出部分被遮挡的行人和某些部位跟背景对比度低的行人，如 Cheng 等[39]利用稀疏 Gabor 滤波器提取行人样本中的特征，然后利用 SVM 方法来训练分类器进行行人检测，Dalal 等[63]提出了一个在单帧图像中用面向梯度的直方图描述子为特征以 SVM 为训练方法的行人检测算法。这种新方法对原始的 MIT 行人数据库[64]得到了接近完美的检测效果。

Adaboost 是一种分类器组合的策略，其基本思想是利用大量的分类能力一般的弱分类器通过一定的方法叠加（Boost）起来，构成一个分类能力很强的强分类器。Adaboost 得到的分类器具有较好的推广性能，现在广泛地应用于模式识别和计算机视觉领域。最早将 Adaboost 应用到计算机视觉领域的是 Viola 等人，他们提出基于 Haar-like 特征和 Adaboost 的层叠人脸检测器，成功地实现了第一个实时人脸检测系统[65]。Viola 后来将该方法应用到了监控系统的行人检测上[66]，该方法同时利用连续两个图像帧的信息，提取训练样本关于外貌和运动信息，从而实现了监控系统中的低分辨率的行人检测。从 Viola 开始，基于 Adaboost 的分类算法受到越来越多学者的重视，提出了许多针对该算法的改进方案，其中也有部分被应用于行人检测领域，如 Wu 等[67]采用 Edgelet 特征集描述行人的轮廓，提出了一个基于部位的行人检测方法。利用改进的 Adaboost 算法分别训练 3 个部位（头部、躯干和腿部）分类器和 1 个人体训练器。最后将得到的部位检测器响应值利用联合似然概率进行融合。他们的集成检测方法对单个人体的检测效果很好，而且能够处理人群拥挤的场景。除了方便快速计算的类 Haar 特征外，SIFT（Scale Invariant Feature Transform）特征[68]由于其尺度不变的良好特性，与 Adaboost 的结合也越来越受到学者的重视。Mikolajczyk 等[69]将人体分成 7 个部分，针对每一个部件利用类 SIFT 特征和 Adaboost 建立起一个检测器，然后将检测结果利用概率图模型进行融合从而识别站立的行人。Zhu 等[70]对 Dalal 提出的梯度直方图描述子特征进行了改进，并且将其引入 Adaboost 层叠分类器的检测框架下，显著提高了行人检测的速度。

基于统计分类的方法尤其是 SVM 和 Adaboost 算法，顽健性较强，近几年被广泛地应用于文本分类、自然语言识别、图像检索和行人检测等领域。但是，上述提到的统计分类算法都是基于离线学习的，分类器的学习需要大量的训练样本，这些样本大多是通过手工标识得到的，标识样本是一项耗时且代价昂贵的工作，特别是对于行人检测工作来说更是如此。另外，离线方式生成的分类器参数固定，不能随着场景和样本的变化进行更新。针对上述问题，近几年人们开始研究基于在线学习的统计分类方法。例如，Tax 等[71]提出了基于 SVM 的在线学习算法，将该算法用于非监督的学习，解决了人工标注样本的问题，Oza 等[72, 73]提出了基于 Adaboost 的在线学习算法，分类器中的弱分类器根据当前的训练样本依次地完成在线更新，当前样本学习结束后不再保存，随着样本数目的增多，分类器的性能得到提高。Oza 在文章中证明对于相同的训练样本集，基于在线学习的 Boosting 分类器，其性能渐进于离线方式得到的分类器。Huang 等[74]提出基于 Domain-Partitioning 型弱分类器的 Real Adaboost 在线学习算法，并将其用于人脸检测，得到了良好的效果。

1.4　问题和不足

尽管在计算机视觉领域内，许多学者都对行人检测工作进行了有益的尝试，但到目前为止还没有一个通用的、高性能的、实时的和顽健的行人检测算法，许多算法和模型或者过于简单而不能普遍采用，或者过于复杂难以在实际中应用。对于智能汽车的行人检测技术研究目前存在以下主要问题。

（1）行人的轮廓、大小、衣服的颜色和纹理等外表特征差别很大、运动姿态万千并且外界环境光照变化也较大。另外，城市交通环境下，运动或者停留的车辆、路标、信号灯等对行人检测都具有很大的影响，使从背景中分割出感兴趣区域的工作变得困难。

（2）复杂场景中行人与行人之间、行人与其他运动目标，还有行人自身的遮挡问题等。遮挡的存在造成了行人部位的缺失，会使基于整个人体特征的检测器检测效率低。

（3）行人检测的离线学习算法训练时需要大量的标注样本，训练时间较长，并且不能根据场景和样本的变化进一步更新。

1.5　本章小结

本章介绍了研究背景和研究意义，介绍了国内外智能汽车的研究现状和一些典型系统，分析了行人检测技术的常用方法和研究现状，最后讨论了行人检测系统中存在的一些问题。通过分析可以非常清晰地认识到我国与国外研究机构在智能汽车行人检测研究领域的差距。努力研究智能汽车的关键技术，跟踪国际发展动态，已经是我国学者迫在眉睫的研究任务之一。

第 2 章
基于单目视觉的行人检测系统概述

在阐述具体的行人检测算法之前，首先简单介绍一下本研究工作的实验平台——清华大学智能技术与系统国家重点实验室研制的多功能智能汽车 THMR-V，然后给出若干相关术语的定义。

2.1　多功能智能汽车实验平台—— THMR-V

THMR-V 系统[31~35]（如图 1-9 所示）是清华大学智能移动机器人课题组自主研制开发的新一代多功能智能汽车实验平台，不仅具有面向高速公路和一般道路的功能，而且还包括临场感遥控驾驶功能。图 2-1 所示为 THMR-V 的硬件体系结构。车体采用道奇 7 座厢式车改装，计算机系统采用普通的计算机两台，其中一台进行视觉信息处理，另一台完成信息融合、路径规划、行为控制、决策控制等功能。4 台 IPC 工控机分别完成激光测距信息处理、定位信息处理、通信管理、驾驶控制等功能。

THMR-V 装备的主要传感器如下。

（1）激光测距仪 LMS220－20203：扫描范围 0°~180°，角度分辨率 0.5°，最大测量距离是 50 m，扫描周期是 40 ms，距离分辨率是 50 mm。

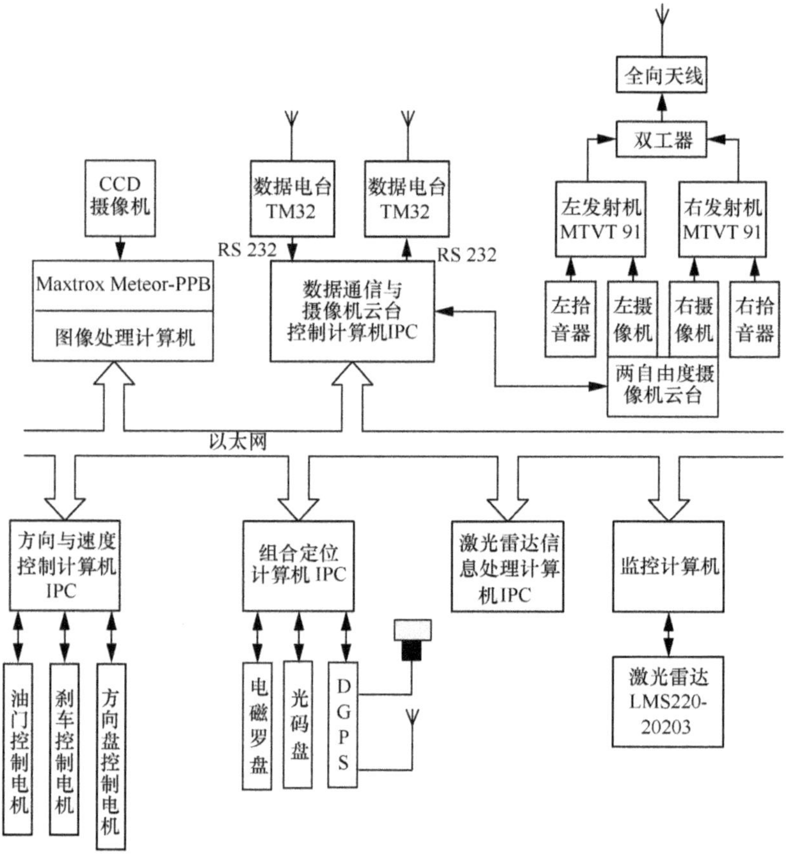

图 2-1　THMR-V 的硬件体系结构

（2）差分全球定位系统（DGPS, Differential Global Positioning System）：选用的差分全球定位系统是加拿大 NOVATEL 3111R，单频 12 通道 GPS 接收机。NOVATEL 3111R GPS 接收机采用了窄相关技术，减少了多路径干扰对 C/A 码的延迟影响，码/载波相位扩展技术，提高了 L_1 载波相位观测精度；采用了 INSTALOCK 快速跟踪技术，提高了接收机快速捕捉和跟踪卫星信号的能力，使

DGPS 达到了较高的精度。

（3）磁罗盘、光码盘定位：磁罗盘（方位角测量）与光码盘（距离测量）结合，实现小范围的精密定位，DGPS 实现大范围的精密定位，差分 GPS 系统与磁罗盘—光码盘结合，实现两套定位系统的性能互补。

（4）摄像机和图像采集卡：日本产 8 mm 彩色 CCD 摄像机，图像采集卡选用加拿大 Matrox 公司的 Meteor-PPB 图像卡。

THMR-V 智能车具有如下的功能。

（1）自主功能：包括在结构化道路环境下，实现自主道路跟踪、避障、岔道口导航等功能；在非结构化环境下，自主识别、跟踪和躲避障碍物。

（2）在结构化、非结构化和越野环境下，实现临场感遥控驾驶。

（3）计算机辅助驾驶：包括行人、车辆等障碍物的检测与跟踪，车道偏离报警等功能。

基于单目视觉的行人检测系统以 THMR-V 为平台，以复杂的城市交通环境为检测背景，以行人为检测对象。系统的主要任务是利用摄像机摄取检测场景的现场图像，从采集到的图像中检测、识别行人，它涉及感兴趣区域的分割也就是行人候选区域的分割和行人目标的识别两个主要步骤。行人检测为后续的高级处理如环境理解，车体行为决策等提供准确、充分的障碍物信息。行为决策单元根据对行人检测结果的分析采取安全报警或者对于危急的情形直接采取制动等车体控制操作。基于单目视觉的行人检测系统的功能如图 2-2 所示。

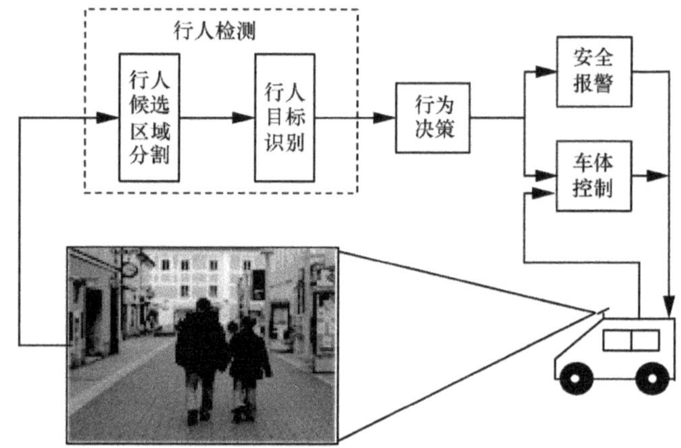

图 2-2　基于单目视觉的行人检测系统功能

2.2　相关术语

本小节简单介绍几个行人检测系统中常用的术语。

（1）检测率（Detection Rate）：就是检测器在一幅图像中正确检测到的行人个数与原图像中包含的行人数的比值。检测率越高，说明检测系统对行人的接受能力越强。

（2）漏检率（Miss Detection Rate）：漏检率=1-检测率。

（3）虚警率（False Positive Rate）：也称之为误检率、误报率等。被误检为行人的非行人子窗口数与原图像中所包含的所有非行人子窗口数的比值。

漏检率或者检测率无法反映系统对非行人的排除能力，有可能出现这样的情形：所有行人都被检测到，但是同时所有的非行人区域也被误认为是行人。因此引入虚警率来衡量系统对非行人样本的排除能力。

（4）行人检测评测标准：行人检测系统的评测通常采用漏检率和虚警率。这两个错误率跟检测器的判决阈值有关，阈值越低，系统的漏检率越低，相应的虚警率就越高；阈值越高，系统的漏检率越高，相应的虚警率就越低。也就是说，虚警率和漏检率都是判决阈值的函数，这两个函数在值域相交的点称为等错误率点（Equal Error Rate Point）。通常人们希望系统的等错误率尽可能低，也就是虚警率和漏检率相等时的值尽可能小。研究人员常常使用检测错误权衡曲线（DET Curve, DetectionError Trade-offs Curve）来反映这两个错误率之间的关系。在 DET 曲线上，曲线越接近原点，系统的识别性能越好。

本书采用 DET 曲线来评价行人检测分类器的性能。在 DET 曲线上，一般选择虚警率为 10^{-4} 所对应的点作为性能评价的参考点。

2.3　本章小结

本章简单介绍工作的主要实验平台——清华大学智能技术与系统国家重点实验室研制的多功能智能汽车 THMR-V，然后给出若干相关术语的定义。

第 3 章

基于 Haar-like 特征和 Adaboost 的行人候选区域分割

实验中的行人检测系统采用的是基于感兴趣区域分割和目标识别的两阶段算法。在第 1 章的绪论中已经介绍了行人检测的常用算法，本章将做进一步阐述并给出本章所使用的算法。

在常用的感兴趣区域分割算法中，基于运动信息（如光流等）的方法对运动目标捕捉准确、检测率高，但是计算耗时，较难满足智能汽车实时性的要求，而且对摄像机漂移敏感，行驶时检测可靠性低，并且不能检测静止的行人；基于距离信息的方法，要依赖于额外的设备，如立体视觉（双/多摄像机）、测距雷达等，虽然可以准确测量距离，具有较好的顽健性；但缺点是增加了成本，而且对于立体视觉而言，还存在摄像机标定困难的问题；基于图像特征信息（如行人轮廓、纹理和熵信息等）的方法，根据对行人形状信息的一些先验知识，定义行人的图像特征。由于直接利用图像信息，不需要额外的传感器，成本低廉。缺点是由于智能汽车的应用环境复杂多变，很难定义每种场景都适合的特征信息。

在综合分析以上方法的基础上，本章采用基于图像特征信息的行人候选区域分割算法，针对该算法中图像特征难以定义的缺点，采用顽健性较强的机器学习的方法，采集大量的行人样本，提取特征，通过学习得到基于行人图像特征的分类器，利用分类器来实现对感兴趣区域的分割。机器学习中经常用到的方法有神经网络、支持向量机、Adaboost 等。本章根据行人的外貌特征和 Adaboost 算法简单可靠、高效的特点，提出了一种基于 Adaboost 和 Haar-like 特征的行人候选区域分割算法。本章第 1 节介绍了 Haar-like 特征，第 2 节详细介绍了 Adaboost 和树形分类算法；第 3 节给出相关的实验结果和分析；第 4 节对本章内容进行了总结。

3.1　Haar-like 特征和积分图

Haar-like 是一种能够反映物体形状结构特点，同时又计算简单的特征。扩展的 Haar-like 特征的特征模板如图 3-1 所示[75]。

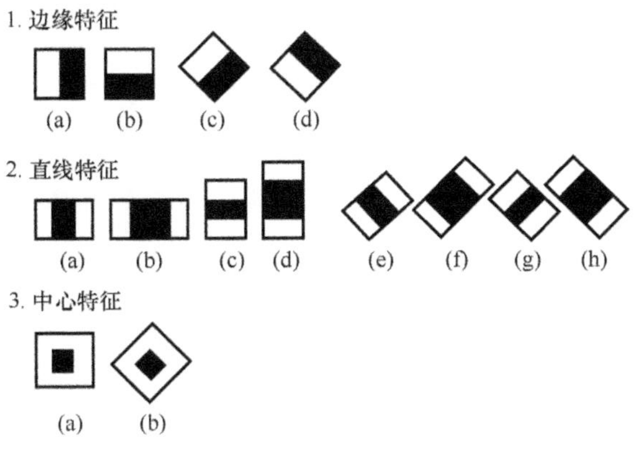

图 3-1　扩展的 Haar-like 特征[75]

以上的特征模板可以放置在图像中任意位置，缩放至任意尺寸。Haar-like 型特征的特征值是模板内白色区域的像素值（可以是灰度值或其他任何与像素相关的数值）之和减去黑色区域的像素值之和。这样，模板位置和尺寸的变化便生成不同的特征值，图像中所有的 Haar-like 特征就构成了图像的一个超完备的特征集，其中每一个都可以作为一个性能或好或坏的弱分类器。为了快速计算 Haar-like 型特征，Viola 提出了积分图的概念，并被 Lienhart[76]进一步扩展。

如图 3-2（a）所示，位置为 (x, y) 的点，积分图的像素值为原图中原点和该点为对角点的矩形区域（灰色区域）所包含的像素值之和。类似地，如图 3-2（b）所示，点 (x, y) 处的斜角积分图的像素值为原图中经过点 (x, y) 的两条斜 45°直线左侧区域（灰色区域）的像素值之和。

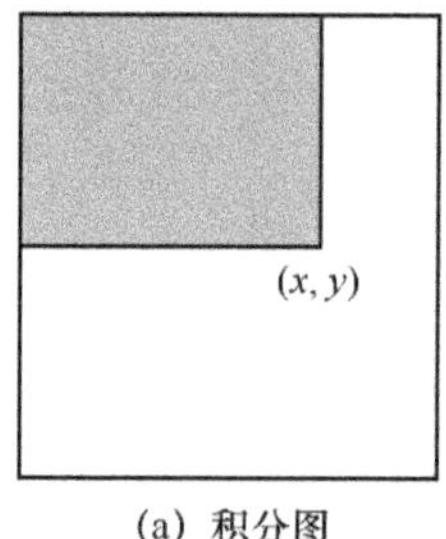

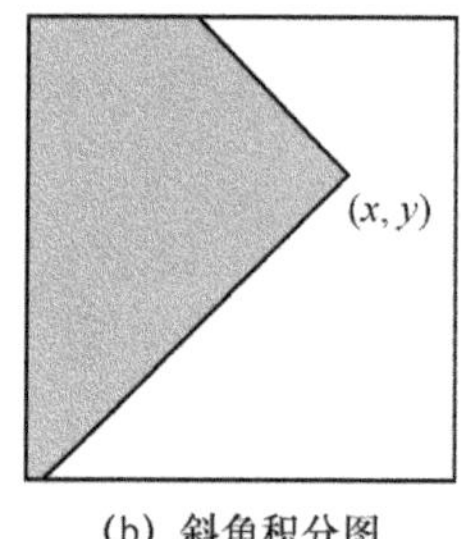

(a) 积分图　　　　　　　(b) 斜角积分图

图 3-2　积分图和斜角积分图

积分图函数 $II(x, y)$ 和斜角积分图 $DII(x, y)$ 定义为

$$II(x, y) = \sum_{x' \leqslant x, y' \leqslant y} I(x', y') \tag{3-1}$$

$$DII(x, y) = \sum_{x' \leqslant x, y' \leqslant x - |y - y'|} I(x', y') \tag{3-2}$$

其中，$I(x', y')$ 为原图在 (x', y') 处的像素值。

利用积分图和斜角积分图计算矩形区域像素之和的方法如图 3-3 所示。通过对图像的一次扫描，即可计算得到积分图。计算斜角积分图则需要对图像进行两次扫描。具体的计算过程请参见文献[75]。

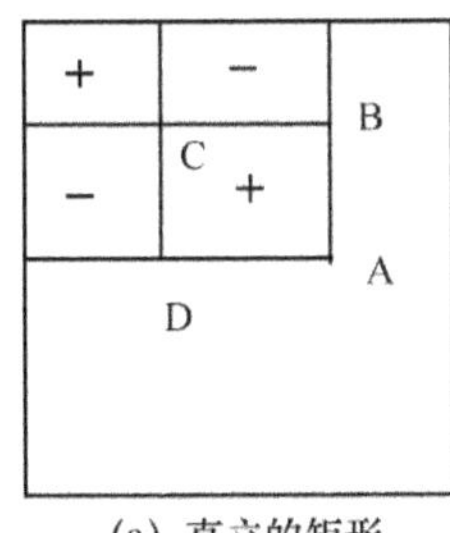
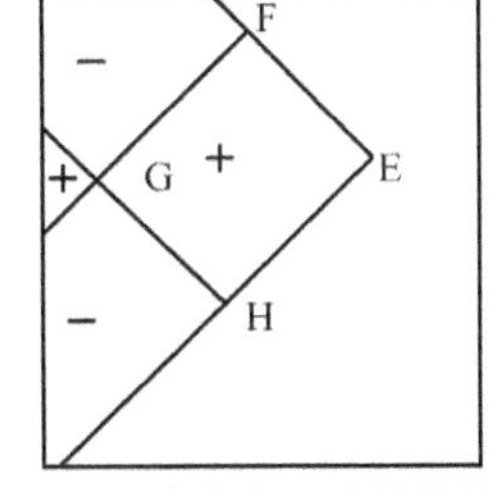

(a) 直立的矩形　　　　　(b) 与图像边缘成45°角的旋转矩形

图 3-3　利用积分图和斜角积分图计算矩形区域像素之和

得到积分图和斜角积分图之后，可以通过类似查表的方式快速计算矩形区域的像素值总和。参考图 3-3，由积分图及斜角积分图的定义，很容易得出

$$Sum_{\text{ABCD}} = II(\text{A}) - II(\text{B}) + II(\text{C}) - II(\text{D}) \tag{3-3}$$

$$Sum_{\text{EFGH}} = DII(\text{E}) - DII(\text{F}) - DII(\text{H}) + DII(\text{G}) \tag{3-4}$$

其中，Sum_{ABCD}，Sum_{EFGH} 分别是原图像在矩形 ABCD 和 EFGH 区域内所有点像素值之和。

3.2　Adaboost 及树形分类算法

3.2.1　Adaboost 算法

机器学习的目的是通过对原有观测值的学习，对新的观测值做出准确预测。然而，建立一个高度准确的预测规则通常是一件很困难的任务。另一方面，使用一些很粗略的经验规则来做一些只要求适度准确率的预测并不难，而这种经验规则显然要比随机猜测做出的预测要有效得多。

找到很多粗略的经验规则要比找到一个单独的高度准确的预测规则要简单得多，机器学习的 boosting 方法就是针对这一事实而提出的。使用 boosting 方法，首先要有一个能够寻找粗略经验规则的算法或方法。boosting 算法反复调用这个弱学习算法，或者称为基础学习算法，每次调用为其提供一个不同的训练样本集，更准确地说，是训练样本的一个不同的加权分布。每次调用后，基础学习算法生成一个新的弱预测规则。经过很多轮次后，boosting 算法必须把这些弱规则结合为一个单独的强预测规则，这个强预测规则有望比任何一个弱规则准确得多。

为使这个算法可行，有两个基本问题必须解决：首先，每个轮次的样本分布如何选择；其次，弱规则应该如何合并为一个单独的强规则。对于分布选择问题，采取的策略是：在已有的弱规则中越常被误分类的样本，为其设定的权重越大，这样就会迫使基础学习算法更加重视分类困难的样本，也就是容易被误分类的样本。关于弱规则合并的问题，让所有的弱分类器用其预测结果进行加权多数表决，是一种自然且有效的方法。

boosting 方法就是一种基于上述思想的、通用的且已被证明有效的方法，能够将粗略的不十分准确的经验规则组合为相当准确的预测规则。在 Valiant 提出的 PAC（Probably Approximately Correct）学习模型[77]的基础上，Kearns 和 Valiant 首次提出下面的问题：是否能将仅比随机猜测好一些的弱学习算法增强为任意精确度的强学习算法[78, 79]。1989 年，Schapire 首次提出了一种可证明为多项式时间的 boosting 算法[80]。一年后，Freund 开发了一个更有效的 boosting 算法，此算法在某种程度上是最优的，然而仍然不能摆脱 Schapire 算法的某些实际缺陷[81]。这些早期的 boosting 算法最早的实验是应用于印刷体文字识别任务。

1995 年，Freund 和 Schapire 提出了 Adaboost 算法，解决了早期 boosting 算法的许多实际困难[82]。不同于早期的其他算法，它是根据弱学习过程得出的弱规则的误差自适应调节的，Adaboost 这一名称即来自于 Adaptive boosting（自适应的 boosting 算法）。

Adaboost 算法的流程如下。

算法　Adaboost

{

输入：N 个样本 $(x_1, y_1), \cdots, (x_N, y_N)$ 及样本的一个权重分布 D(通常定义为均匀分布)；

初始化权重：$w_i^1 = D(i)$；

for $t = 1, \cdots, T$

归一化权重：$p_i^t = \dfrac{w_i^t}{\sum\limits_{j=1}^{N} w_j^t}$；

调用弱学习算法，使用样本的权重分布 p_i^t 作为输入，得到假设 $h_t : X \to [0,1]$，并计算其误差：$\varepsilon_t = \sum\limits_{i=1}^{N} p_i^t |h_t(x_i) - y_i|$；

令 $\beta_t = \dfrac{\varepsilon_t}{1 - \varepsilon_t}$，设置新的权值：$w_i^{t+1} = w_i^t \beta_t^{1 - |h_t(x_i) - y_i|}$

end

$$输出最终分类器\ h_f(x) = \begin{cases} 1, \sum_{t=1}^{T} \alpha_t h_t(x) \geqslant \dfrac{1}{2} \sum_{t=1}^{T} \alpha_t \\ 0, 其他 \end{cases} ,\ 其中,$$

$$\alpha_t = \log \frac{1}{\beta_t}$$

}

由算法的训练过程可知，若提取的分类器对于某些样本分类正确，则减小这些样本的权重；若分类错误，则增加这些样本的权重。这样，后面训练提取的简单分类器就会更加强化对这些分类错误样本的训练。最终，通过权重组合所有的弱分类器以形成强分类器。

1999 年，Schapire 等对 Adaboost 算法做了改进，使其能够处理具有连续置信度输出的弱分类器，使其收敛得更快，称作连续 Adaboost 算法[83]。2001 年，Viola 等提出了一种基于 Haar-like 型特征的分层 Adaboost 算法，给出了一系列基于灰度的 Haar-like 型小波特征，并提出积分图的概念，以提高检测速度[65]。2003 年，Lienhart 等提出了基于 Adaboost 算法的树形分类算法[76]。本章使用了这种树形分类器结构来快速、高效地生成感兴趣区域。

3.2.2　树形分类算法

树形分类器的结构如图 3-4 所示。树形分类器的训练算法如下。树节点的数据结构如下。

```
struct TreeNode
{
    BoostedClassifier * bc = 0 ;
    TreeNode * next = 0, child = 0, parent = 0 ;
```

TrainingData ∗ *posSampleIdx*；//指向正例样本集的指针

　　int *evaluate*(*sample*)；//根据已经建立的树形分类器，对指定的样本集进行检测

　　TreeNode（*TreeNode* ∗ _ *parent*, *TrainingData* ∗ _ *idx*, *TreeNode* ∗ _ *next*）

　　{

　　parent = _ *parent*；　*posSampleIdx* = _ *idx*；　*next* = _ *next*；

　　}；//构造函数

　}

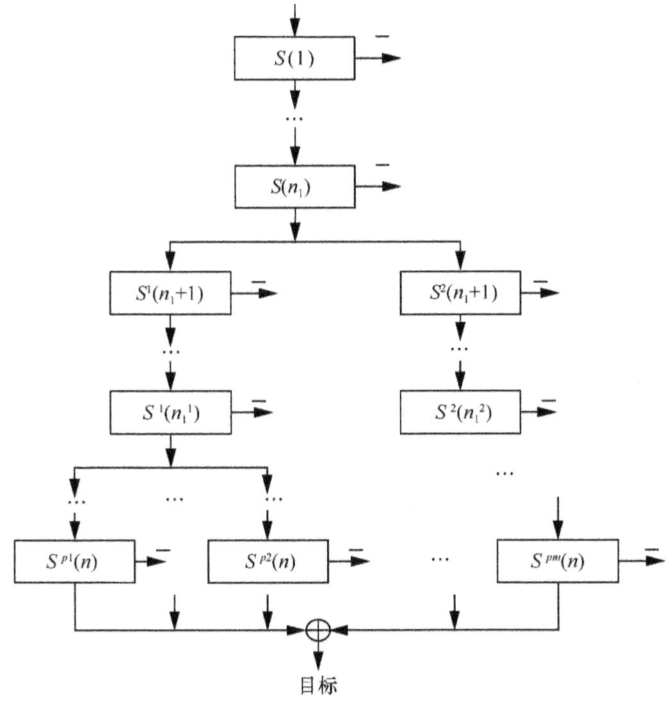

图 3-4　树形分类器结构

树形分类器的训练算法：

startTreeTraining()

{

Create new TreeNode * *TN* = *TreeNode* （0, all positive training examples, 0）；//为树节点开辟内存空间

nodeTraining （*TN*, 0,TARGET_HEIGHT_OF_TREE）；//节点训练

}

树形分类算法的训练开始于树的根节点。用于训练树根的正例样本集为整个样本集。该训练算法是一个递归的过程。在每一个节点，由父节点指定的所有的正例和反例样本被用于训练一个达到了给定的虚警率和检测率的 Adaboost 分类器。Adaboost 强分类器的计算复杂度随着弱分类器数目的增加而增加。这时，通过 K 均值聚类算法将正例样本分成 K 个子集，分别将这 K 个正例子集和反例样本拿来训练 K 个强分类器。如果这 K 个强分类器所使用的特征的总数目少于所有样本训练得到的分类器所需的特征数，则用这 K 个强分类器计算更有效。因此当前的分类层分裂成 K 个分支，每个分支只接受相应的正例样本子集和在父节点处被认为是正例的所有反例样本。如果这 K 个分类器所使用特征的总数目大于或等于不分成 K 个子集训练得到的分类器所需的特征数，则该节点还是保留原先的分层结构。递归执行上述过程直至达到给定的树的目标深度。

节点的训练过程如下。

节点的训练

$nodeTraining(TreeNode * parent, curLevel, stopLevel)$

{

if $(stopLevel == curLevel)$ return;

以父节点处的正例样本作为本节点的正例样本 $Spos$ ，以在父节点处被认为是正例的所有反例样本为反例样本集 $Sneg$ ；

由 $Spos$ 和 $Sneg$ 训练 Adaboost 强分类器 S^1 ，用 $O(S^1)$ 表示强分类器 S^1 中的特征数；

令 $BestClassifier = S^1$ ；　$BestNoOfFeatures = O(S^1)$ ；

for　$k = 2, \cdots, K_{\max}$ //分裂操作

根据分类器 S^1 中的特征，依照 K 均值做聚类，将正例样本分成 k 个子集，分别为 $Sposi$ ；

利用 $Sposi$ 和 SNEG 训练 k 个强分类器 S_i^k

if　$(BestNoOfFeatures > O(S_1^k) + \cdots + O(S_k^k))$

{

$\quad BestNoOfFeatures = O(S_1^k) + \cdots + O(S_k^k)$ ；

$\quad BestClassifier = \{S_1^k, \cdots, S_k^k\}$ ；

}

end

$TreeNode * TN0 = 0$ ；

for　$BestClassifier$ 中的每一个分类器 S_i^k

$Create\ new\ TreeNode * TNi = TreeNode(parent, Sposi, TNi - 1)$ ；

$nodeTraining(TNi, curLevel + 1, stopLevel)$ ；

end

}

树形分类器的检测过程中，采用深度优先的策略。搜索过程从根节点开始，如果待检测窗口被一个节点的强分类器拒绝，则搜索将返回到父节点，重新选择新的分支，直到搜索到接收路径或者所有路径都搜索完毕为止。如果找到接收路径待检测窗口被标记为正例，否则标记为反例。

3.3 实验结果与分析

3.3.1 分类器的训练

目前用于城市交通环境下行人检测的标准数据库很少，较典型的有 MIT 的 CBCL 行人数据库[64]和近几年出现的 INRIA 行人数据库[84]。MIT 数据库包含 924 个行人正例，样本图像如图 3-5(a)所示，训练样本采集于城市真实场景，行人姿态相对简单，大多是直立、前视或者后视的行人。MIT 数据库中不包含反例样本。INRIA 行人数据库的正例样本如图 3-5(b)所示，训练样本中的行人姿态多变、方向各异，行人或站立或行走、奔跑，还有若干幅包含骑车或者滑雪的图片。样本的背景更加复杂，包含许多拥挤的行人。除了包含正例样本之外，INRIA 数据库还包含了一些反例样本，反例样本就是一些不包含行人的图片。为了保证学习得到的训练器的通用性，我们自行采集了一些校园和城市道路环境的行人样本，如图 3-5(c)所示。

本章行人候选区域分割算法采用的训练样本：正例样本是 5 816 幅 16×32 的灰度行人图片，前 1 848 幅图片为 MIT_CBCL 数据库（包括原始图片的镜像），然后是 1 552 幅自行采集的行人样本（包括原始图片的镜像），后 2 416 幅图片为 INRIA\96X160H96 目录下的行人图片（包括原始图片的镜像）。反例样本是 INRIA 数据库中的 1 218 幅反例图片。

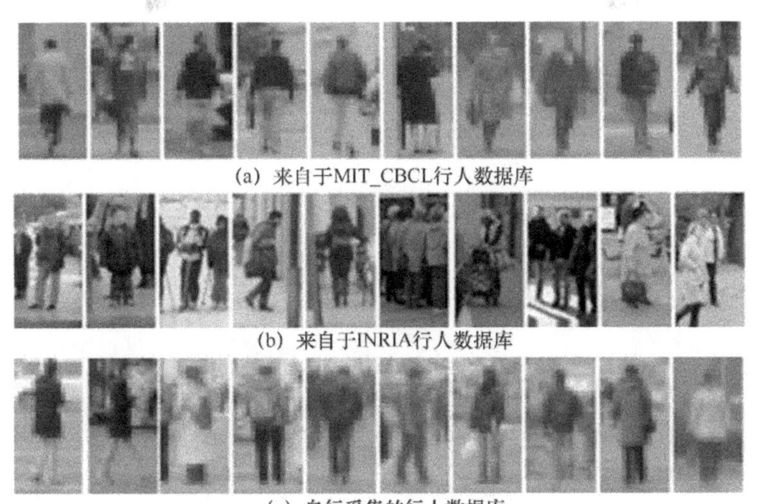

(a) 来自于MIT_CBCL行人数据库

(b) 来自于INRIA行人数据库

(c) 自行采集的行人数据库

图 3-5　训练样本库中样本实例

树形分类器的训练直接通过 OpenCV 库中的函数实现。训练得到的分类器包含 15 层。为了直观地显示所提取的 Haar 特征，图 3-6 显示了训练得到的树形分类器中包含的前 10 个 Haar 特征在行人样本上的对应关系。从图中可以看到，被 Adaboost 算法选择的 Haar 特征很好地刻画了人体的形状特征。

3.3.2　行人假设区域的生成

为了在图像中检测未知大小的目标物体，一般的分类算法都是首先对检测图像做金字塔操作，得到一系列不同尺度的图像，然后在每幅图像上使用固定扫描窗口的方法，也就是扫描

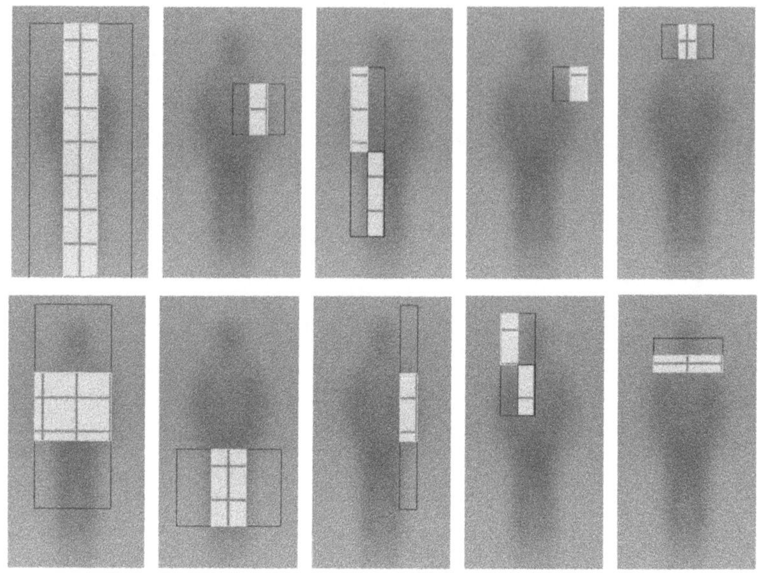

图 3-6　树形 Adaboost 分类器的前 10 个特征

窗口的大小固定，通过扫描窗口在检测图片上的移动以达到不同位置目标的定位。这种检测方法一个很大的弊端就是效率不高，因为图像的金字塔操作是比较耗时的。基于 Haar-like 特征的分类器在进行检测时，选择不同尺度的扫描窗口对图像进行浓密扫描。通过引入积分图像，可以以相同的代价检测不同尺度的扫描窗口。

我们对实际道路上的图像进行了测试，图 3-7 和图 3-8 所示的是在校园道路单人情况和城市道路双人情况两种不同场景下的检测结果。由于引入了树形的检测结构和采用积分图像来计算 Haar-like 特征，所以分类器的检测速度很快，实时性好，系统检测一幅 320×240 的图像需要的时间仅为 14.940 2 ms。从实验结果（为便于显示，对多尺度行人检测的结果经过了融合处理，详细的融合、

定位算法见第 4 章）可以发现，对于校园道路单人这种简单的场景，可以准确地定位行人，效果较好，但是在城市交通环境下，由于道路两侧的背景复杂，给行人的准确定位带来很大的干扰，会造成一些误判，如图 3-8 所示，行人的定位虽然准确，但是存在多处虚警。虚警大多出现在与行人具有相似形状的位置。从实验中可以看出，虽然 Haar-like 可以表达人体的轮廓信息，如躯干、头部等边缘。但是这些信息往往从非人的物体上也可以得到，如实验中的标志杆、建筑物的窗户等。所以，为了准确地识别行人，还需要对行人候选区域进行进一步确认。

（a）原始图片　　　　　　　　　（b）检测结果

图 3-7　校园道路图像检测结果

（a）原始图片　　　　　　　　　（b）检测结果

图 3-8　城市道路图像检测结果

3.4　本章小结

本章根据 Haar-like 所提取的行人轮廓特征，利用了 Adaboost 树形检测算法的简单和高效，提出了一种基于树形 Adaboost 和 Haar-like 特征的行人候选区域分割方法。首先，根据搜集到的训练样本计算扩展的 Haar-like 特征，然后，采用基于树形结构的 Adaboost 算法，对具有最佳鉴别能力的 Haar-like 特征进行选择，通过反复学习，得到树形的 Adaboost 分类器。通过在自然场景下的实验表明，本文所提出的算法，可以快速地剔除大多数不包含行人的扫描窗口，得到相关的行人候选区域，系统检测一幅 320×240 的图像，需要的时间仅为 14.940 2 ms。基于 Haar-like 特征和树形 Adaboost 分类器的行人候选区域分割，为进一步准确地识别行人打下了很好的基础。

第 4 章

基于 Mean-shift 的多尺度检测的融合

第 3 章详细介绍了基于 Haar-like 特征和 Adaboost 的行人候选区域分割算法，并通过实验验证了该分割算法的有效性。作为候选区域分割算法，其设计的最终目标是在图片上检测并定位不同尺度的候选行人，为后续的行人识别操作提供输入信息。基于 Haar-like 特征和 Adaboost 的行人候选区域分割算法对目标图片进行扫描、分类处理后，会得到许多互相重叠的检测结果。数目较多的行人候选区域，会加重行人识别阶段的工作负担，所以在进行行人识别之前需要对得到的检测结果进行合并。不同尺度、不同位置检测结果的融合是检测器设计的一个很重要的阶段。关于行人检测的相关文献，对于这一阶段的工作描述得很少[62, 85, 86]，或者仅采用启发式的算法[87~89]，具有一些局限性。

本章提出了一种基于 Mean-shift 的多尺度检测融合算法，并通过实验讨论了相关参数的设置。在第 1 节首先分析了多尺度检测融合算法需要解决的问题和设计的原则，通过分析将该问题转化为基于窗函数的模型估计问题；第 2 节详细描述基于 Mean-shift 的多尺度检测融合算法；第 3 节讨论相关参数的设置；最后是本章的小结。

4.1 多尺度检测融合算法的设计目标

基于窗口扫描的分割和检测算法，在对检测图片进行多尺度扫描检测之后，在目标对象的附近会生成多个不同尺度的检测结果。多尺度检测融合算法就是要对上述的检测结果进行融合，得到准确的目标定位。

4.1.1 多尺度检测融合算法的前提假设

多尺度检测融合算法基于以下两点假设。

其一，基于分类器的特性，当检测窗口的位置和尺度与图片上实际行人的位置和尺度略有差别时，分类器依然可以判断其为正例，并输出一个正的置信度。

对于这一假设，可以通过图 4-1 来说明。图 4-1 是对 INRIA 数据库中的测试图片进行检测的结果，图中除标识了两个检测框外，还分别显示了与该检测框相对应的置信度。内、外两个检测框的置信度分别为 0.589 3, 0.787 7，内侧检测框与外侧检测框相比较要偏离图片上实际行人的位置和尺度。上述数据表明当检测窗口的位置和尺度与行人实际的位置和尺度恰好吻合时，分类器会输出最大的置信度；另一方面，置信度的值将随着偏差的增大而减小，直到偏差继续增大时，分类器将判断其为反例。

其二，分类器在对图片进行扫描的过程中有虚报现象，但是在同一位置附近出现的虚报检测的密度必然是很低的，并且输出的置信度也较低。

图 4-1　检测窗口与置信度

以图 4-2 为例，原始图像如图 4-2（a）所示，经过检测器多尺度扫描之后的结果如图 4-2（b）所示，在实际行人的附近有多个检测框作为响应，但是也存在少量的虚报现象，不过在虚报附近出现的检测框频率较低。通过检测框的融合算法，得到图 4-2（c）所示的行人检测结果。

（a）原始图像　　　　　（b）待融合的检测框　　　　（c）融合后的检测框

图 4-2　多尺度检测融合

4.1.2　多尺度检测融合算法的设计原则

基于上述前提假设，可以得出如下多尺度检测融合算法的设计原则。

（1）目标检测框的定位与待融合的检测框分布的密度有关。目标检测框定位于检测框密度较高的位置的概率较大。

（2）目标检测框的定位与分类器置信度的大小有关。一般而言，目标检测框定位于置信度较高的检测框的概率要高一些。

（3）相邻的互相重叠的检测框应该被融合在一起，但是相互重叠面积不足的检测框不应该被融合。

提出第 3 个设计原则，主要是基于检测器训练样本的选取（如图 3-5 所示）。正例样本图片除了包括行人之外，在图片的边缘还包含一些场景信息。所以，基于此样本训练得到的检测器，扫描图片得到的检测框，其面积必然要比图片上实际行人区域的面积大一些。当两个或者多个行人相邻时，分类器的检测框必然要互相覆盖。对于这种情况，基于启发式思想的算法就不能很好地解决。例如，文献[87~89]中介绍，将待融合的检测框分成若干互相不重叠的子集，每个子集最终生成一个检测目标。按照这样的算法，则最终的融合结果必然会发生缺失。

综合考虑上述设计原则，提出多尺度检测融合的问题可以作为一个核密度函数估计问题。

4.2　基于 Mean-shift 算法的多尺度检测融合

4.2.1　核密度函数估计

核密度估计方法在 20 世纪五六十年代被提出，是目前最通用的无参密度估计方法。首先，了解一些常用的核函数，核函数也称"窗口函数"。图 4-3 是一维空间中常用核函数的名称、公式及图形，分别是均匀、高斯、三角函数。可以看出这些核函数都遵循一些基本特征：核函数是对称的、单峰的、有限局部支撑。所谓单峰的是指从中心向边缘其值迅速衰减为 0，而有限局部支撑是指超过一定窗口的点其值为 0。

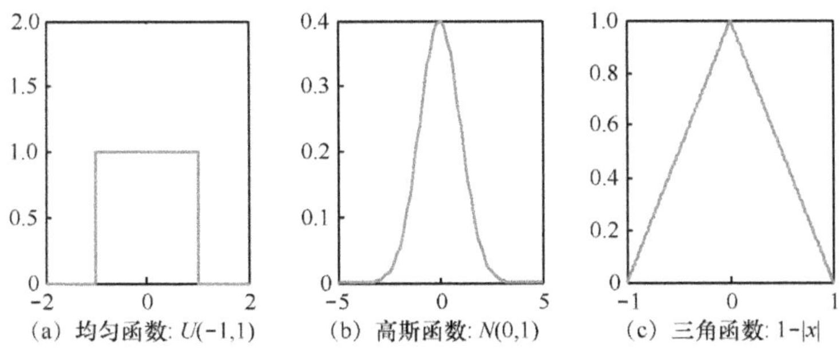

图 4-3　核函数图示及定义

核密度估计：给定一组 n 个一维空间的数据点的集合 $S = \{x_i\}_{i=1 \cdots n}$，它的未知的概率密度函数为 $f(x)$，取核函数为 $K_h(x)$，那么在点 x 处的密度可以按照下式计算。

$$\hat{f}(x) = \frac{1}{n} \sum_{i=1}^{n} K_h(x - x_i) \tag{4-1}$$

其中，h 是核函数的带宽。核密度估计的含义可以理解为：将以每个采样点为中心的局部函数的平均效果作为该采样点概率密度函数的估计值，或者核估计器在被估计点为中心的窗口内计算数据点加权的局部平均。这样，经过加权之后，核密度估计可以估计的密度函数是多峰的分布。在多尺度检测的融合问题中，采样空间由三维的位置与尺度构成，即 $X_i = (x_i, y_i, s_i)$，其中 (x_i, y_i) 表示第 i 个检测框的位置，$s_i = \log(scale_i)$，$scale_i$ 是第 i 个检测框的尺度。不直接采用检测框的尺度构成采样空间，是为了保证采样点在空间中的均匀分布，因为通常检测框的尺度满足等比数列关系，所以这里选用对数函数。另外，检测框的置信度作为数据点的权值被考虑到密度函数的估计中。最终经过加权之后得到的密度函数的多个峰值与检测目标的位置和尺度相对应。

4.2.2　基于均值漂移的多尺度检测融合算法

均值漂移（Mean-shift）算法是一种常用的核密度估计算法。这个概念最早由 Fukunaga 等[90]于 1975 年在一篇关于概率密度梯度函数的估计中被提出，其最初的含义就是偏移的均值向量。但是在后来的很长一段时间内，均值漂移并没有引起人们的注意。直到 20 年后，另外一篇关于均值漂移的重要文献才发表。在文章中，Cheng[91]对基本的均值漂移算法在以下两个方面进行了推广，首先引入了一族核函数，使随着样本与被偏移点的距离不同，其偏移量对均值偏移向量的贡献也不同；其次，设定权重系数，使不同的样本点的重要性也不同，这样大大扩大了均值漂移算法的适用范围。Comaniciu 等[92]把均值漂移算法成功地运用于特征空间的分析，在图像平滑和图像分割中都得到了很好的应用。

对多尺度检测框的融合，可以采用均值漂移算法来估算采样点空间中存在的密度函数的模态，也就是密度函数的峰值。在三维空间中，$X_i = (x_i, y_i, s_i)$ 表示该空间中的一个点，$K(x)$ 表示多变量的核函数，则在三维空间中点 x 估计的密度概率值为

$$\hat{f}(x) = \frac{1}{n}\sum_{i=1}^{n}\left|H_i\right|^{-\frac{1}{2}} w_i K(H_i^{-\frac{1}{2}}(x - x_i)) \tag{4-2}$$

其中，w_i 表示检测框的置信度，H_i 表示带宽矩阵。

对于多尺度检测框的融合，采用高斯核函数，则定义

$$K(\boldsymbol{x}) = (2\pi)^{-\frac{d}{2}} \exp\left(-\frac{1}{2}\|\boldsymbol{x}\|^2\right) \tag{4-3}$$

根据 $K(x) = k(\|x\|^2)$ 得到相应的轮廓函数为

$$k(x) = (2\pi)^{-\frac{d}{2}} \exp\left(-\frac{1}{2}x\right) \tag{4-4}$$

代入式（4-2）得到

$$\hat{f}(\boldsymbol{x}) = \frac{1}{n}\sum_{i=1}^{n}|H_i|^{-\frac{1}{2}} w_i k\left(\left\|H_i^{-\frac{1}{2}}(\boldsymbol{x}-\boldsymbol{x}_i)\right\|^2\right) \tag{4-5}$$

现在要分析数据集合中密度最大的数据点位置，可以对密度函数的梯度进行估计。利用核函数的可微性，密度函数的梯度估计（定义为 $\hat{\nabla} f(\boldsymbol{x})$）恒等于核密度估计的梯度。

首先，令 $g(x) = -k'(x)$，则

$$g(x) = -\frac{1}{2}(2\pi)^{-\frac{d}{2}} \exp\left(-\frac{1}{2}x\right) \tag{4-6}$$

然后，对式（4-5）取梯度，有

$$\begin{aligned}
\hat{\nabla}f(\boldsymbol{x}) = \nabla\hat{f}(\boldsymbol{x}) &= \frac{2}{n}\sum_{i=1}^{n}|H_i|^{-\frac{1}{2}} w_i g\left(\left\|H_i^{-\frac{1}{2}}(\boldsymbol{x}-\boldsymbol{x}_i)\right\|^2\right) H_i^{-1}(\boldsymbol{x}_i-\boldsymbol{x}) \\[2mm]
&= \frac{2}{n}\left[\left|\sum_{i=1}^{n}H_i\right|^{-\frac{1}{2}} w_i g\left(\left\|H_i^{-\frac{1}{2}}(\boldsymbol{x}-\boldsymbol{x}_i)\right\|^2\right) H_i^{-1}\right] \\[2mm]
&\qquad \left[\frac{\sum_{i=1}^{n}|H_i|^{-\frac{1}{2}} w_i g\left(\left\|H_i^{-\frac{1}{2}}(\boldsymbol{x}-\boldsymbol{x}_i)\right\|^2\right) H_i^{-1}\boldsymbol{x}_i}{\sum_{i=1}^{n}|H_i|^{-\frac{1}{2}} w_i g\left(\left\|H_i^{-\frac{1}{2}}(\boldsymbol{x}-\boldsymbol{x}_i)\right\|^2\right) H_i^{-1}} - \boldsymbol{x}\right]
\end{aligned} \tag{4-7}$$

其中，最后一项就是均值漂移向量，定义为

$$m(x) = \frac{\sum\limits_{i=1}^{n} |H_i|^{-\frac{1}{2}} w_i g\left(\left\| H_i^{-\frac{1}{2}}(x - x_i) \right\|^2\right) H_i^{-1} x_i}{\sum\limits_{i=1}^{n} |H_i|^{-\frac{1}{2}} w_i g\left(\left\| H_i^{-\frac{1}{2}}(x - x_i) \right\|^2\right) H_i^{-1}} - x \qquad (4\text{-}8)$$

将式（4-6）代入式（4-8）可以得到

$$m(x) = \frac{\sum\limits_{i=1}^{n} |H_i|^{-\frac{1}{2}} \cdot w_i \cdot \exp\left(-\frac{1}{2} D^2(x, x_i, H_i)\right) \cdot H_i^{-1} \cdot x_i}{\sum\limits_{i=1}^{n} |H_i|^{-\frac{1}{2}} \cdot w_i \cdot \exp\left(-\frac{1}{2} D^2(x, x_i, H_i)\right) \cdot H_i^{-1}} - x \qquad (4\text{-}9)$$

其中，$\dfrac{1}{2} D^2(x, x_i, H_i) = (x - x_i)^{\mathrm{T}} \cdot H_i^{-1}(x - x_i)$ 代表向量 x 与 x_i 之间

的马氏距离。

$$\diamondsuit\ \omega_i(x) = \frac{|H_i|^{-\frac{1}{2}} \cdot w_i \cdot \exp\left(-\frac{1}{2} D^2(x, x_i, H_i)\right)}{\sum\limits_{i=1}^{n} |H_i|^{-\frac{1}{2}} \cdot w_i \cdot \exp\left(-\frac{1}{2} D^2(x, x_i, H_i)\right)}, \quad 代入式（4\text{-}9）均值$$

漂移向量简化为

$$m(x) = \frac{\sum\limits_{i=1}^{n} \omega_i(x) \cdot H_i^{-1} x_i}{\sum\limits_{i=1}^{n} \omega_i(x) \cdot H_i^{-1}} - x \qquad (4\text{-}10)$$

反复迭代式（4-11）

$$x_t = \frac{\sum\limits_{i=1}^{n} \omega_i(x_t) \cdot H_i^{-1} x_i}{\sum\limits_{i=1}^{n} \omega_i(x_t) \cdot H_i^{-1}} \qquad (4\text{-}11)$$

就可以完成 Mean-shift 过程。

对于多尺度检测框的融合，可以从每个待融合的检测框出发，按照式（4-11）反复迭代，直至收敛。最终就可以得到多个目标检测框的位置和尺度。

为了提高算法的处理速度，利用邻域连续性，采用重采样技术[93]进行采样。首先将样本空间中的原始样本，根据各个样本之间的距离关系，分成若干个子集，在每个子集内部，假设相邻的样本是同一个模型的采样点，不妨选取其中的一个中心点来代替其他所有样本点。这样大大减小了样本点的数目，加快了运算的速度。

对式（4-8）定义的 Mean-shift 向量，采用重采样技术之后为

$$m(x) = \frac{\sum\limits_{j=1}^{m}\sum\limits_{x_i \in s_j} |\boldsymbol{H}_i|^{-\frac{1}{2}} w_i g\left(\left\|\boldsymbol{H}_i^{-\frac{1}{2}}(\boldsymbol{x} - \boldsymbol{x}_i)\right\|^2\right) \boldsymbol{H}_i^{-1} \boldsymbol{x}_i}{\sum\limits_{i=1}^{n}\sum\limits_{x_i \in s_j} |\boldsymbol{H}_i|^{-\frac{1}{2}} w_i g\left(\left\|\boldsymbol{H}_i^{-\frac{1}{2}}(\boldsymbol{x} - \boldsymbol{x}_i)\right\|^2\right) \boldsymbol{H}_i^{-1}} - x \tag{4-12}$$

$$= \frac{\sum\limits_{j=1}^{m} |\boldsymbol{H}_j|^{-\frac{1}{2}} n_j c_j g\left(\left\|(\boldsymbol{H}_j)^{-\frac{1}{2}}(\boldsymbol{x} - \boldsymbol{c}_j)\right\|^2\right)(\boldsymbol{H}_j)^{-1}}{\sum\limits_{j=1}^{m} |\boldsymbol{H}_j|^{-\frac{1}{2}} n_j g\left(\left\|(\boldsymbol{H}_j)^{-\frac{1}{2}}(\boldsymbol{x} - \boldsymbol{c}_j)\right\|^2\right)(\boldsymbol{H}_j)^{-1}} - x \tag{4-13}$$

其中，原始的样本点集合 $\{x_i | i = 1, 2, \cdots, n\}$，汇聚成若干个子集合 $s_1, s_2, \cdots, s_m$。每个子集合包含 n_j 个样本点，$c_j = \frac{1}{n_j}\sum\limits_{x_i \in s_j} w_i x_i$ 是各个子集合的中心点。

基于上述的推导和分析，下面给出多尺度检测融合算法的流程。

算法　多尺度检测融合

{

输入：每个待融合的检测框，表示为 3 维位置和尺度空间的样本点 $\boldsymbol{X}_i = (x_i, y_i, s_i)$，且 $s_i = \ln(scale_i)$；

应用重采样技术：将满足距离约束（详细内容见 4.3 节）的样本点聚集成若干个子集，计算子集中心点 $c_j = \dfrac{1}{n_j} \sum_{x_i \in s_j} w_i \boldsymbol{x}_i$；

while 每个子集中心点

　　do

$$x_t = \frac{\sum\limits_{j=1}^{m} \left|\boldsymbol{H}_j\right|^{-\frac{1}{2}} n_j \boldsymbol{c}_j g\left(\left\|(\boldsymbol{H}_j)^{-\frac{1}{2}}(\boldsymbol{x}_t - \boldsymbol{c}_j)\right\|^2\right)(\boldsymbol{H}_j)^{-1}}{\sum\limits_{j=1}^{m} \left|\boldsymbol{H}_j\right|^{-\frac{1}{2}} n_j g\left(\left\|(\boldsymbol{H}_j)^{-\frac{1}{2}}(\boldsymbol{x}_t - \boldsymbol{c}_j)\right\|^2\right)(\boldsymbol{H}_j)^{-1}} \tag{4-14}$$

until 收敛条件（即迭代得到的模型极值不再发生变化）；

　　end

输出：每个检测目标（模型）的位置和尺度。

}

4.3　相关参数的设置

4.2 节描述的基于均值漂移的多尺度检测融合算法中定义了两个参数：带宽矩阵 $\boldsymbol{H}_i$ 和重采样技术中子集的距离约束条件，下面通过实验来说明参数的设置问题。

带宽矩阵 $\boldsymbol{H}_i$，不妨采用对角矩阵的形式，定义为

$$H_i = \begin{pmatrix} (\exp(s_i)\sigma_x)^2 & 0 & 0 \\ 0 & (\exp(s_i)\sigma_y)^2 & 0 \\ 0 & 0 & (\sigma_s)^2 \end{pmatrix} \qquad (4\text{-}15)$$

其中，σ_x、σ_y 为位置融合参数，σ_s 是尺度融合参数。带宽矩阵 H_i 依赖于采样点尺度，这一点是显然成立的。一般而言，随着检测框尺度的增大，概率密度函数的估计范围也应该相应地增加。

对于位置融合参数 (σ_x, σ_y) 的设置，其值与检测器的扫描步幅 $(stride_x, stride_y)$ 相关，$stride_x$ 与 $stride_y$ 分别表示检测器在图像 x 方向与 y 方向的扫描步幅（或步长）。这两个参数的设置一般要在检测准确率和扫描时间之间折中，精细的步幅参数可以提高检测的准确率，但时间消耗较大，本文选择 $(stride_x = 2,\ stride_y = 4)$。通过对大量的图片进行检测，结果表明当位置融合参数 (σ_x, σ_y) 的取值与步幅参数 $(stride_x, stride_y)$ 的取值相同时，会得到较好的融合效果。以图 4-4 与图 4-5 所示的对比结果为例，图 4-4（a）是待检测的原始图片，为了便于问题的描述，对原始图片进行单一尺度的检测，并且在图 4-4（b）中仅显示左侧行人的检测结果。当设置 $\sigma_x = stride_x = 2$，$\sigma_y = stride_y = 4$ 时，得到图 4-4（c）所示正确的融合结果。与此相应，图 4-5（a）和（b）两图的含义与图 4-4 中（a）和（b）的含义相同，设置位置融合参数为 $(\sigma_x = 1, \sigma_y = 2)$，则融合结果如图 4-5（c）图所示。一般而言，当位置融合参数设置较小时，就会在一个目标对象的周围产生多个融合结果，不利于后续关于候选行人的识别操作；反之，位置融合参数设置的较大，会将属于不同对象的检测框融合在一起，造成行人的漏检。

(a) 原始图片　　　　(b) 待融合的检测框　　　　(c) 融合的检测框

图 4-4　位置融合参数对融合算法的影响 ($\sigma_x = 2, \sigma_y = 4$)

(a) 原始图片　　　　(b) 待融合的检测框　　　　(c) 融合的检测框

图 4-5　位置融合参数对融合算法的影响 ($\sigma_x = 1, \sigma_y = 2$)

关于尺度融合参数 σ_s 的设置。与此相关的是检测器的尺度步幅参数 $stride_s$，尺度步幅参数 $stride_s$ 也是影响检测效果的重要参数。同扫描步幅参数的选择相似，需要在检测效果和检测时间之间折中，本文选择 $stride_s = 1.05$。在此情况下，设置满足条件 $(\ln 1.3 \leqslant \sigma_s \leqslant \ln 1.6)$ 的尺度融合参数 σ_s，都会得到较好的融合效果。以图 4-6 与图 4-7 所示的对比结果为例，对原始图片（a）进行多尺度的检测，为了便于问题的描述在图（b）中仅显示左侧行人的检测结果。当设置 $\sigma_s = \ln 1.3$ 时，得到图 4-4（c）所示正确的融合结果。与此相应，在图 4-7 所示的实验中，设置尺度融合参数 $\sigma_s = \ln 1.1$，则融合结果如图 4-5（c）所示。与位置融合参数类似，设置较小的尺度融合参数，就会在一个目标对象的周围产生多个融合结果，不利于后续关于候选行人的识别操作。

最后是关于重采样技术中子集的距离约束。引入重采样技术的主要目的是加快融合算法的速度，对距离较近的待融合检测框进行合并。假设采样空间中有采样点 (x_i, y_i, s_i)，$s_i = m\ln(stride_s)$ 和 (x_j, y_j, s_j)，$s_j = n\ln(stride_s)$，若上述采样点满足如下的距离约束，则利用重采样技术对其进行合并。

$$\left| x_i - x_j \right| \leqslant 2 \cdot stride_x$$

$$\left| y_i - y_j \right| \leqslant 2 \cdot stride_y$$

$$\left| m - n \right| \leqslant 1 \tag{4-16}$$

(a) 原始图片　　　　　(b) 待融合的检测框　　　　　(c) 融合的检测框

图 4-6　尺度融合参数对融合算法的影响（ $\sigma_s = \ln 1.3$ ）

(a) 原始图片　　　　　(b) 待融合的检测框　　　　　(c) 融合的检测框

图 4-7　尺度融合参数对融合算法的影响（ $\sigma_s = \ln 1.1$ ）

4.4　本章小结

　　本章提出了一种基于均值漂移的多尺度检测融合算法，并通过实验讨论了相关参数的设置。首先，分析了多尺度检测融合算法需要解决的问题和设计的原则，通过分析将该问题转化为基于窗函数的模型估计问题。然后，详细描述基于均值漂移的多尺度检测融合算法，通过引入重采样技术以提高检测融合算法的速度，最后，通过实验讨论相关参数的设置。

第 5 章

基于改进 Shapelet 特征的行人识别

经过感兴趣区域分割从原始图像中得到可能含有行人的一些小区域，并通过融合处理之后，行人识别阶段需要从这些小区域中找出真正的行人，行人识别是行人检测的主要阶段。在行人识别阶段，常用算法主要分为两大类：基于运动信息和基于形状信息的方法。由于基于运动信息的方法无法检测到静止的行人，所以本文采用基于形状信息的方法。在该类方法中，近几年被广泛使用的是基于统计分类的方法，也就是将目标的识别问题转化为对感兴趣区域进行分类的问题。本章主要讨论如何采取有效的分类算法来区分分割目标中的行人与其他非行人。

基于统计分类的方法，需要对目标进行特征描述。特征是决定相似性与分类的关键。特征选择和提取的基本任务是如何从许多特征中找到最有效的特征，任何识别过程的第一步，不论用计算机还是由人去识别，都要首先分析对象特征的有效性并选出最有代表性的特征。对于行人检测问题，行人的形状是最重要的特征之一。例如，人体肩膀和头部形成的 Ω 形状，双腿的垂直边缘等。第 3 章中使用的 Haar-like 特征集能够表示人体轮廓的主要信息，如躯干、人体的左右边缘等，然而这些信息也能从非人体的轮廓上提取出，如汽车尾部、旗杆、桶状物等，所以仅用 Haar-like 特征集不能完全区分行人和前面提到的非行人。Wu 等[67]提出了另一个用于描述行人轮廓信息的 Edgelet 特征集。简单地说，Edgelet 特征就是在固定位置定义的一小段直线段或者曲线，通过对比实验可以发现，Edgelet 相比较 Haar-like 而言，能够获得更多的行人轮廓信息，检测效果较好。但是该特征存在一个问题：特征集是预先定义的，依赖于人的一些先验知识，将这些先验知识引入特征集中，必然会提高检测效果，但是这些知识是预先定义的，这样就可能会因为先验知识的不完备使检测结果存在缺失。所以针对上述问题，Sabzmeydani 和 Mori[94]提出了一种通过学习的方法来自动获取识别行人与非行人的重要特征——Shapelet 特征集。Shapelet 特征集是一组用于描述行人局部轮廓的高级特征的集合，对对象具有更强的描述能力。本章在标准 Shapelet 特征集的基础上进行了扩展，并通过实验说明了该特征集在行人识别阶段的有效性。

本章第 1 节首先介绍标准的 Shapelet 特征集，在此基础上，第 2 节详细说明了对 Shapelet 特征集的改进和相关的比较实验，第 3 节给出基于改进 Shapelet 特征集识别算法的一些检测结果，最后第 4 节对本章的内容进行小结。

5.1　基于标准 Shapelet 特征的行人识别

在基于特征的检测或者识别算法中，选取什么样的特征是至关重要的，但是很多情况下并没有一个有章可循的方法提供指导。一般认为良好的特征应该具有以下的特点。

（1）好的区分性：表示目标的特征相对于背景及场景中的非目

标物体具有明显的差异。

（2）可靠性：对同类的目标，它们的特征值应该是相同的或很相近的。

（3）独立性：对目标特征构建的特征空间中特征值是不相关的。

（4）数量少：系统的计算复杂度是随特征量的增加而迅速增加的，构建特征空间就是为了压缩关于目标的冗余信息，通过映射和变换，用低维的信息来表示目标。但是，太少的特征量也意味着低的分辨力，因此，有时需做一个权衡。

根据抽象程度和是否加入人为理解的语义性质，可将特征集分为三个层次。

第一类是图像中目标区域像素点的灰度构成的特征集。这类特征集利用了图像最基本的特征，最为直观也易于实现。灰度模板的精度较高，但对于光照的变化敏感，运算量也较大。

第二类是图像底层特征构成的特征集。这些特征有：边缘、轮廓、角点和纹理等。这种特征可以不需要经过人的理解和语义描述。底层特征的提取比较容易，算法可靠，运算量较小。这类由图像底层特征构成的特征集，能抵抗小的干扰，但这类特征不是很稳健。

第三类是图像的高层特征构成的特征集。图像的高层特征一般具有语义性质，符合人类的某些视觉特性，如小波特征、Edgelet 特征等。小波特征在时域、空域都具有很好的分辨率，一些小波（如 Haar-like 小波、Gabor 小波）同时也具有很好的人类视觉特性。这类特征量比较稳健，抗干扰性好。

这三类特征集随着抽象程度的提高，处理的数据量逐渐减少，语义不断引入。三类特征可以单独或者联合参与分类算法。

Shapelet 特征集是一组用于描述行人局部轮廓的高层特征，对对象具有更强的描述能力。Shapelet 特征集与通常的高层特征（如上述的小波特征[85]和 Edgelet[67]）特征集不同，不是通过手工编码得到的。如第 3 章中扩展的 Haar-like 小波特征，如图 3-1 所示，定义了固定形式的小波形状。Shapelet 特征集指定的模式，是通过学习从样本中自动获得的，用于描述目标的局部轮廓。Adaboost 是学习 Shapelet 特征集的核心分类器，一方面 Shapelet 特征集是通过 Adaboost 算法组合底层的梯度特征得到的；另一方面，最终分类器的学习也采用 Adaboost 算法。分类器的训练流程如图 5-1 所示。

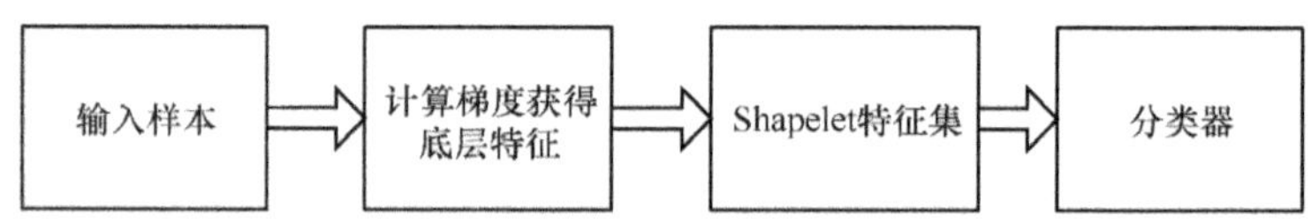

图 5-1　基于 Shapelet 特征集的行人识别算法的训练流程

（1）底层特征。提取训练样本不同方向的梯度信息作为底层特征，用于构建更加复杂的高层特征——Shapelet 特征集。

（2）Shapelet 特征集。用于描述局部轮廓的高级特征。每个数据样本被若干个浓密的互相重叠的子窗口覆盖，在每个子窗口内部使用 Adaboost 算法在底层的梯度特征集中选择特征子集构成一个 Shapelet 特征。使用 Adaboost 算法可以在子窗口中选择最具有鉴别能力的底层特征，按照这种方式生成的 Shapelet 特征相比较底层的梯度特征而言具有更强的识别行人的能力。

（3）分类器。虽然 Shapelet 特征描述了行人样本的局部轮廓信息，但是每个 Shapelet 特征的鉴别能力还是有限的，所以在训练的最后阶段再次使用 Adaboost 算法，对描述不同局部的 Shapelet 特征进行组合形成最终的行人分类器。

5.1.1　底层特征

常用的底层特征有：边缘、角点和轮廓等。边缘是图像灰度值不连续的结果，常见的边缘有 3 种形式：阶梯状、脉冲状和屋顶状[95]，如图 5-2 所示。阶梯状的边缘处于图像中两个具有不同灰度值的相邻区域之间，脉冲状主要对应细条状的灰度值突变区域，而屋顶状的边缘上升、下降沿都比较缓慢。边缘对于运动很敏感，对灰度的变化不敏感。一般常用一阶和二阶导数来检测边缘。角点是像素点在其邻域内的各个方向上灰度变化值足够高的点[96]。它是一种非常重要的图像点特征，包含了图像中比较丰富的二维结构信息。角点具有很好的定位性能，对部分的遮挡和光照的变化具有很好的顽健性。轮廓是目标的边界，有时候轮廓也可以采用边缘检测算子来提取。

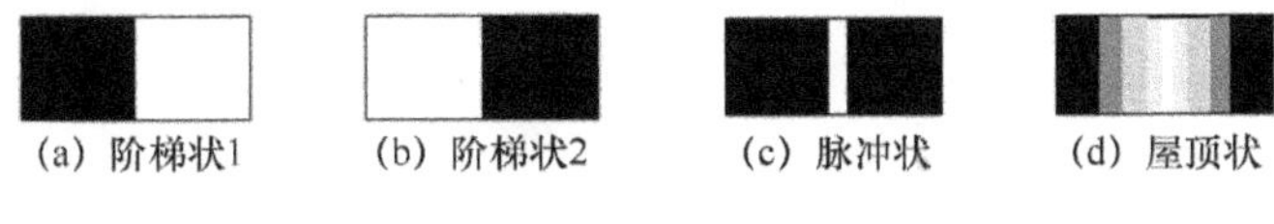

图 5-2　边缘示意

基于标准 Shapelet 特征的行人识别算法使用不同方向的梯度信息绝对值作为底层特征。一般而言，梯度信息的符号大多与衣服和背景的纹理相关，对于行人检测而言，没有实际的意义。

底层特征集的定义为

$$S_d(x) = \left| I(x) * G_d \right| * B \tag{5-1}$$

其中，$I(x)$ 代表灰度图像，$*$ 表示卷积操作，$d \in D$ 表示不同的方向，取 $D = \{0°, 45°, 90°, 135°\}$ 4 个方向，G_d 表示不同方向的梯度运算核，定义为

$$G_1 = \begin{pmatrix} -1 \\ 0 \\ 1 \end{pmatrix}, G_2 = \begin{pmatrix} -1 & 0 & 1 \end{pmatrix}, G_3 = \begin{pmatrix} 0 & 1 & 1 \\ -1 & 0 & 1 \\ -1 & -1 & 0 \end{pmatrix}, G_4 = \begin{pmatrix} -1 & -1 & 0 \\ -1 & 0 & 1 \\ 0 & 1 & 1 \end{pmatrix}$$

$$(5\text{-}2)$$

为了减少行人样本在检测窗口内空间位置偏移带来的影响，需要对得到的梯度信息在局部邻域内求平均。B 为均值滤波算子，定义为

$$B = \frac{1}{25} \cdot \begin{pmatrix} 1 & 1 & 1 & 1 \\ 1 & 1 & 1 & 1 \\ 1 & 1 & 1 & 1 \\ 1 & 1 & 1 & 1 \end{pmatrix} \tag{5-3}$$

图 5-3 显示了 MIT 数据库中两个行人样本及其在水平和垂直两个方向的底层特征 $S_d(x)$。

图 5-3　行人样本在水平、垂直方向的底层特征

底层特征中虽然包含了行人样本的边缘和轮廓等形状信息，但是每个底层特征所具有的区分行人与非行人的能力还是相对较弱的，所以需要对底层特征进行组合，得到更为复杂的、分类能力更好的高层特征。

5.1.2　Shapelet 特征

简单地说，Shapelet 特征就是若干底层特征的加权组合。每个数据样本被若干个浓密的互相重叠的子窗口覆盖，每个 Shapelet 特征与一个子窗口相对应，是该子窗口内的若干底层特征的线性组合。

假设当前检测窗口中有 k 个子窗口，分别定义为 $w_i \in W$，$i = 1, \cdots, k$（关于子窗口的设置见 5.2.2 节）。每个子窗口 w_i 有唯一与其对应的高层特征——Shapelet 特征。假设子窗口 w_i 中的底层特征为 $\{f_d^p = S_d(p) : p \in w_i, d \in D\}$，将上述集合作为 Adaboost 算法弱分类器的集合，按照第 4 章介绍的 Adaboost 的算法原理，在每步迭代过程中，选择一个特征 $f_t \in \{f_d^p\}$ 作为弱分类器 $h_t(x)$，其中 t 为迭代轮次。弱分类器 $h_t(x)$ 具有如下形式。

$$h_t(x) = \begin{cases} 1, & p_t f_t(x) < p_t \theta_t \\ 0, & \text{其他} \end{cases} \tag{5-4}$$

其中，$\theta_t \in (-\infty, \infty)$ 是分类器的阈值，$p_t = \pm 1$ 代表不等式的符号。算法经过 T 轮迭代之后，得到子窗口 w_i 的强分类器 $H_i(x)$，定义为

$$H_i(x) = \begin{cases} 1, & \sum_{t=1}^{T} \alpha_t^i h_t^i(x) \geqslant 0 \\ 0, & \text{其他} \end{cases} \tag{5-5}$$

α_t^i 是子窗口 w_i 中弱分类器 $h_t^i(x)$ 的加权系数。执行上述过程，每个子窗口可以得到一个如式（5-5）所示的强分类器。

一方面从目标分类的角度，强分类器 $H_i(x)$ 可以作为基于子窗口 w_i 的分类器，由子窗口 w_i 中的底层特征组成；另一方面，式（5-5）也可以看作是子窗口 w_i 中若干个底层特征线性组合的结果，由此可以定义

$$s_i(x) = \sum_{t=1}^{T} \alpha_t^i h_t^i(x) \qquad (5\text{-}6)$$

这里，$s_i(x)$ 的数值相对于强分类器 $H_i(x)$ 的定义中仅包含加权和的符号而言，具有更多的分类信息：$s_i(x)$ 的绝对值越大，对检测窗口分类的确定性越高。所以可以将其定义为分类器的置信度，作为每个子窗口的 Shapelet 特征：$\{s_i(x) : i \in \{1, 2, \cdots, k\}\}$，$i$ 指示子窗口 w_i，α_t^i 和 $h_t^i(x)$ 是与 Shapelet 特征相关的参数。至此，使用 Adaboost 算法将底层的梯度信息组合形成更为复杂的、具有较高鉴别能力的 Shapelet 特征。

为了能够直观理解 Shapelet 特征，将训练得到的所有 Shapelet 特征显示为图 5-4 所示的形式。图中标识了 Shapelet 特征中所有被选中的底层特征的加权和。这些底层的梯度特征按照与之相关的 p_t 的取值被分成两组。$p_t = +1$ 表示该特征是正例样本的底层特征，反之，$p_t = -1$ 指反例样本具有的底层特征。由图 5-4（a）可以明显地识别出行人的轮廓形状。

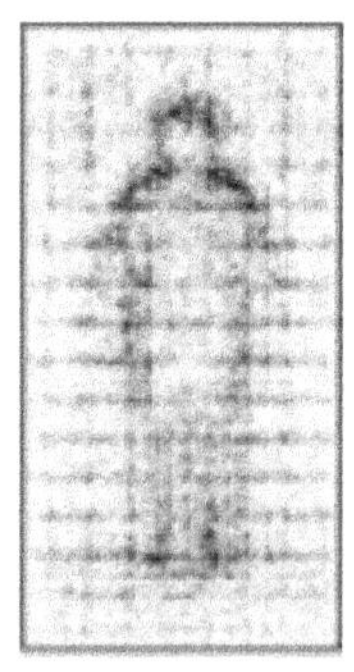 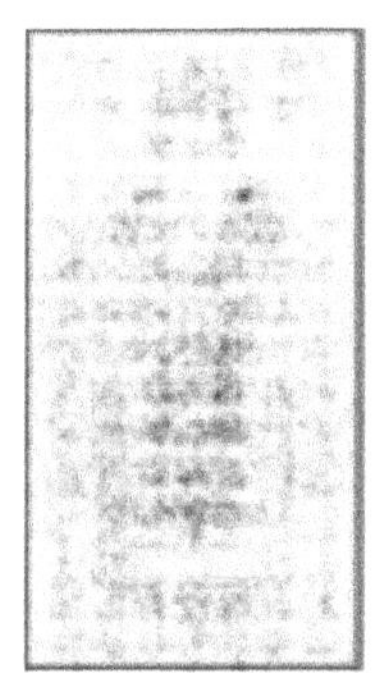

（a）Shapelet 特征集中正例样本
的底层特征　　　　（b）Shapelet 特征集中反例样本
的底层特征

图 5-4　所有 Shapelet 特征的底层特征

5.1.3　分类器

虽然 Shapelet 特征描述了行人样本的局部轮廓信息，但是每个 Shapelet 特征 $s_i(x)$ 的鉴别能力还是有限的，所以在训练的最后阶段再次使用 Adaboost 算法，对描述不同局部的 Shapelet 特征进行组合形成最终的行人分类器。

定义该阶段的弱分类器为 $g_t(s)$，等价于 5.1.2 节中定义的关于底层梯度特征集的弱分类器 $h_t(x)$。弱分类器 $g_t(s)$ 包括 Shapelet 特征 $s_t(x)$、阈值 θ_t 和不等式符号 P_t 等参数。最终的行人识别分类器定义为 Shapelet 特征的线性组合，具有如下形式。

$$C(s) = \begin{cases} 1, & \sum_{t=1}^{T} \alpha_t g_t(s) \geq \lambda \\ 0, & \text{其他} \end{cases} \tag{5-7}$$

其中，$s = \{s_1(x), s_2(x), \cdots, s_k(x)\}$ 是检测窗口 x 中的所有 Shapelet 特征，λ 是分类器的阈值，根据预先指定的检测率和虚警率进行调节。

与图 5-4 相对应，图 5-5 直观地显示了包含在最终分类器中的所有底层特征的加权和。包含在分类器中的 Shapelet 特征也根据 p_t 取值的不同被分成两组，分别用于标识正例和反例所具备的特征。从图 5-5 可以清晰地看出，其所包含的行人轮廓信息。

基于上述标准 Shapelet 特征的行人识别算法，下面给出相应的改进算法和具体的参数设置。

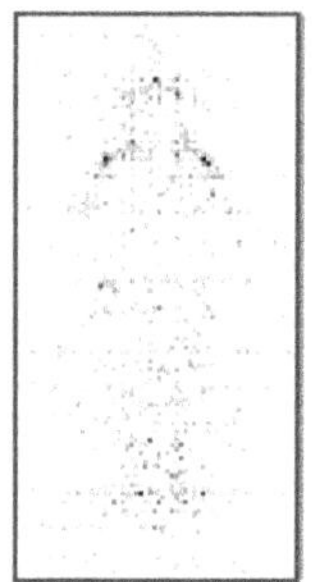
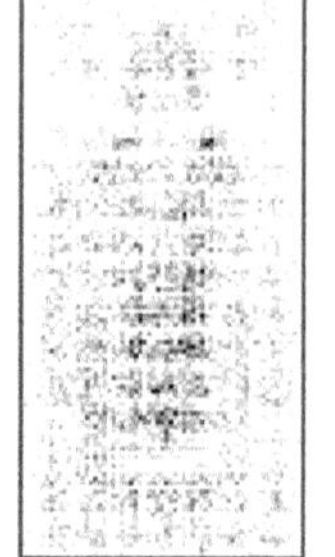

(a) 分类器中正例样本的底层特征　　　　　(b) 分类器中反例样本的底层特征

图 5-5　分类器中被选中的底层特征

5.2　基于改进 Shapelet 特征的行人识别

5.2.1　行人数据集

在阐述具体的改进算法之前，首先说明本节分类器所采用的行人数据集。行人数据集包括训练集和测试集两部分。

（1）训练集。训练样本集取自于 INRIA 行人数据库[84]，其中正例为 2 416 个，为 INRIA\96X160H96 目录下的 64×128 的行人图片（包括原始图片的镜像，在这些正例样本中，行人穿着不同颜色、式样和花纹的服装，有着不同的动作，面对摄像机的角度变化很大。这些图像是用不同的摄像机在不同的光照条件和季节拍摄的；反例样本是 6 090 个，取自于 INRIA 数据库中的 609 幅反例图片。图片中没有一个行人，大多是自然场景图像，其中在每幅图片上随机选取 10 个反例样本。

（2）测试集。测试样本集取自于 INRIA 行人数据库[84]，其中正例样本为 1 126 个（不同于训练样本，包括原始图片的镜像）；反例样本为 1 359 个，取自于 INRIA 数据库中的 453 幅反例图片，其中在每幅图片上随机选取 3 个反例样本。

Boostrap 数据集与一般的两类问题不同，对行人检测来说很难找出有代表性的非行人（负样本）。本文采用 Bootstrap[87, 97]的方法，即先使用训练集中的负样本，把它们同正样本一起训练分类器；然后用训练过的分类器对 Boostrap 数据集（不含行人的图像）进行检测，将得到许多假行人样本，再从中选取一部分加入训练样本对分类器进行训练，如此反复多次。本节所有分类器的训练均采用 Boostrap 的方法，其中 Boostrap 数据集取自于 INRIA 数据库中的 609 幅反例图片（不同于测试集中的反例图片）。在每幅反例图片上用训练过的分类器进行检测，收集获得的假行人样本，定义假行人样本个数的最大值为 6 000，然后将假行人样本加入到训练集中，重新训练分类器。

使用与未使用 Bootstrap 的两个分类器的性能如图 5-6 所示。比较结果表明，使用 Bootstrap 的方法，可以显著提高分类器的性能，当单位窗口虚警数是10^{-4}时，与不使用 Boostrap 方法相比，漏检率降低了30.6%。

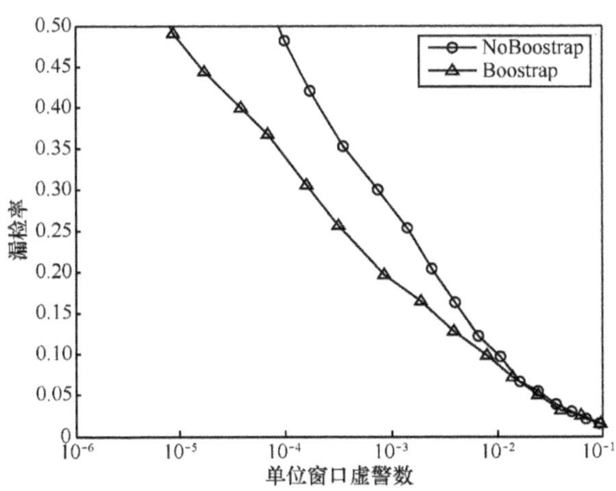

图 5-6　Boostrap 方法对分类器性能的影响

下面从子窗口的空间分布、归一化方法和底层特征的计算等几方面对 Shapelet 特征集进行扩展，并且就各种参数的设置展开深入的讨论。

5.2.2　子窗口的空间分布

子窗口的空间分布是 Shapelet 特征集中一个重要的参数，具体包括子窗口的大小和子窗口之间的跨度。

子窗口的大小这里称之为 Shapelet 的尺度，用于描述子窗口的尺寸。本文引入以下三种 Shapelet 尺度。

Shapelet_S：对应小尺度的 Shapelet 特征集，子窗口的大小为 5×5 像素；

Shapelet_M：对应中等尺度的 Shapelet 特征集，子窗口的大小为 10×10 像素；

Shapelet_L：对应大尺度的 Shapelet 特征集，子窗口的大小为 15×15 像素。

针对上述三种子窗口，可以在子窗口内定义相应的底层特征，也就是不同方向的梯度特征。以 4 个方向的梯度信息为例，每种子窗口内部所有底层特征的数目如表 5-1 所示。

表 5-1　各种 Shapelet 尺度的子窗口包含底层特征数目比较

Shapelet 尺度	底层特征的个数
Shapelet_S	100
Shapelet_M	400
Shapelet_L	900

每个子窗口内，在上述数目的底层特征集中，利用 Adaboost 算法训练得到与其对应的一个 Shapelet 特征。通常 Adaboost 算法采

用两种方式来限定算法迭代的次数：一种是定义固定的迭代次数；另一种是定义分类器的性能指标，通常采用检测率和虚警率，当训练的分类器达到指定的性能指标的时候，迭代终止。本文中关于 Shapelet 特征的训练采用的是第一种迭代终止的方法。定义迭代的次数 $m_i = \sqrt{n_i}$ ，其中 n_i 为子窗口中所有底层特征的数目，$i \in \{Shapelet\_S, Shapelet\_M, Shapelet\_L\}$ 指示子窗口的种类。

　　为了说明子窗口大小对分类器性能的影响，设计了如下的实验。使用 4 个特征集来训练分类器，分别是：Shapelet_S、Shapelet_M、Shapelet_L 和 Shapelet_SML。Shapelet_SML 指包含所有的三种子窗口。上述实验得到了 4 个分类器，其性能如图 5-7 所示的 DET 曲线。实验结果表明，相比较中等尺度和大尺度的 Shapelet 特征集而言，小尺度的 Shapelet 特征集（Shapelet_S）包含了更多的类别信息。

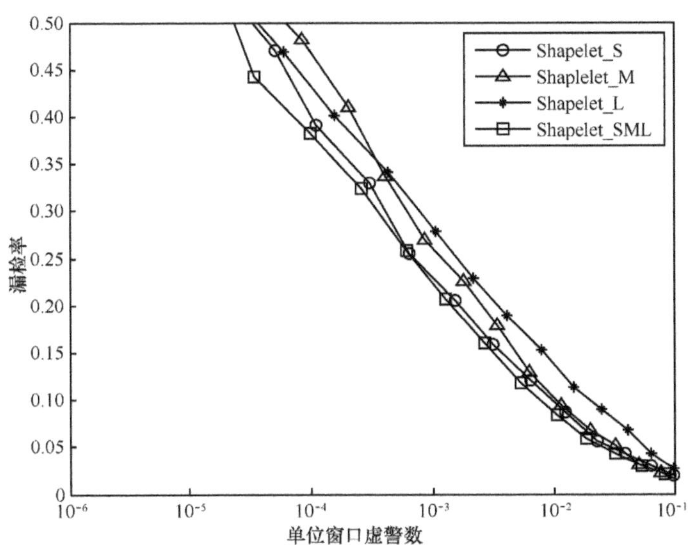

图 5-7　Shapelet 尺度对分类器性能的影响

在单位窗口虚警数是 10^{-4} 时，Shapelet_S 的漏检率约是 0.4，相比较 Shapelet_L 的漏检率降低 9.1%，相比较 Shapelet_L 的漏检率降低 14.9%。包含 Shapelet_S 特征集的分类器具有较好的分类效果，同时，增加其他尺度的特征集会提高分类器的性能。后续实验默认的特征集是 Shapelet_SML。

另一个影响子窗口分布的参数就是子窗口的跨度。该参数用来说明子窗口之间的覆盖程度。通常，子窗口之间需要互相覆盖，虽然会带来底层特征的冗余，使同一个底层特征位于不同的子窗口内。但是，另一方面也使同一个底层特征参与到多个 Shapelet 特征的构成，这有利于分类器选择更加相关的组合方式，提高分类器的性能。

本文定义了三种子窗口跨度：$S_1 = \{4, 4, 4\}$、$S_2 = \{2, 4, 6\}$ 和 $S_3 = \{1, 2, 3\}$。其中，S_1 说明三种尺度子窗口的跨度皆为 4 像素；S_2 说明子窗口 Shapelet_S 之间的跨度为 2，Shapelet_M 之间的跨度为 4，Shapelet_L 之间的跨度为 6；同理，S_3 表明三种尺度的子窗口之间的跨度分别为 1、2、3。

根据子窗口的大小和子窗口之间的跨度，按照式（5-8）就可以计算 $m \times n$ 的检测窗口中所包含的 Shapelet 特征数目。

$$Shapelet\text{特征数目} = \left(\left\lfloor \frac{m - 子窗口宽}{子窗口跨度} \right\rfloor + 1 \right) \cdot \left(\left\lfloor \frac{n - 子窗口高}{子窗口跨度} \right\rfloor + 1 \right)$$

（5-8）

使用 64×128 的检测窗口，根据式（5-8）计算得到 Shapelet 特征的数目如表 5-2 所示。

表 5-2　不同子窗口跨度下 Shapelet 特征数目比较

窗口跨度	Shapelet_S 特征数目	Shapelet_M 特征数目	Shapelet_L 特征数目	所有的 Shapelet 特征数目
S_1	465	420	377	1 262
S_2	1 860	420	171	2 451
S_3	7 440	1 680	646	9 760

不同子窗口跨度下分类器的性能比较如图 5-8 所示。图 5-8 表明，随着子窗口跨度的减小，也就是子窗口覆盖面积的增大，分类器的性能有所提高，在单位窗口虚警数是 10^{-4} 时，S_3 的漏检率约是 0.38，相比较 S_2 的漏检率降低 7.3%，相比较 S_1 的漏检率降低 22.4%。

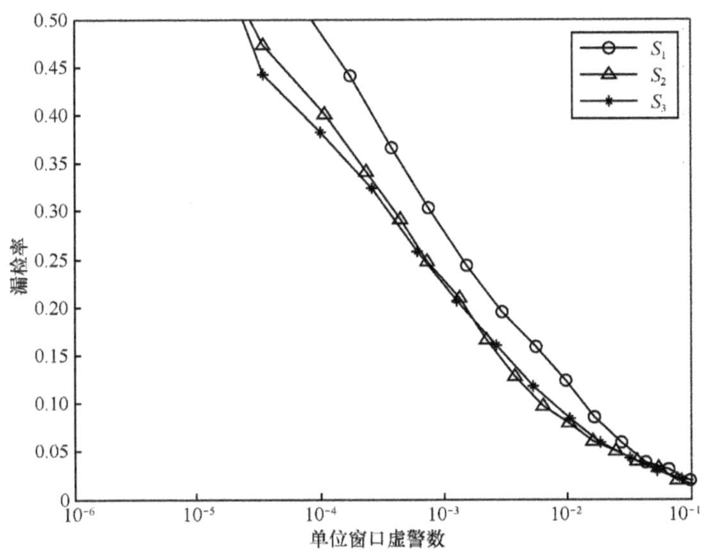

图 5-8　子窗口的跨度对分类器性能的影响

5.2.3　底层特征的计算

根据式（5-1）可知，在底层特征的计算中，为了减少行人样本在检测窗口内空间位置偏移带来的影响，对得到的梯度信息在局部邻域内求平均。除采用均值算子外，可以采用高斯（Gaussian）算子来替代。设计如下实验，比较不同的滤波算子对分类器性能的影响。B_5：5×5 大小的均值滤波算子（式（5-3））；G_3：3×3 的高斯滤波算子（式（5-9））；G_5：5×5 的高斯滤波算子（式（5-10））。

$$G_3 = \frac{1}{16} \times \begin{pmatrix} 1 & 2 & 1 \\ 2 & 4 & 2 \\ 1 & 2 & 1 \end{pmatrix} \tag{5-9}$$

$$G_5 = \frac{1}{571} \times \begin{pmatrix} 2 & 7 & 12 & 7 & 2 \\ 7 & 31 & 52 & 31 & 7 \\ 12 & 52 & 127 & 52 & 12 \\ 7 & 31 & 52 & 31 & 7 \\ 2 & 7 & 12 & 7 & 2 \end{pmatrix} \tag{5-10}$$

比较实验的结果如图 5-9 所示。实验结果表明：5×5 的高斯滤波算子 G_5 相比较 3×3 的高斯滤波算子 G_3 和 5×5 大小的均值滤波算子 B_5 具有更好的检测效果，对应的分类器性能最佳，在单位窗口虚警数是 10^{-4} 时，G_5 的漏检率约是 0.36，相比较 B_5 的漏检率降低 5.26%，相比较 G_3 的漏检率降低 7.69%。

5.2.4　归一化方法

为了消除图像颜色、光照还有背景等因素的变化对梯度计算所造成的影响，通常需要对提取的图像特征进行归一化处理。

对图像进行归一化处理，一般采用两种方式进行：其一，以检测窗口为单位，对特征值进行归一化[98]；其二，以检测窗口中局部的数据块为单位进行归一化[44, 63]。为了更好地处理局部的光照变

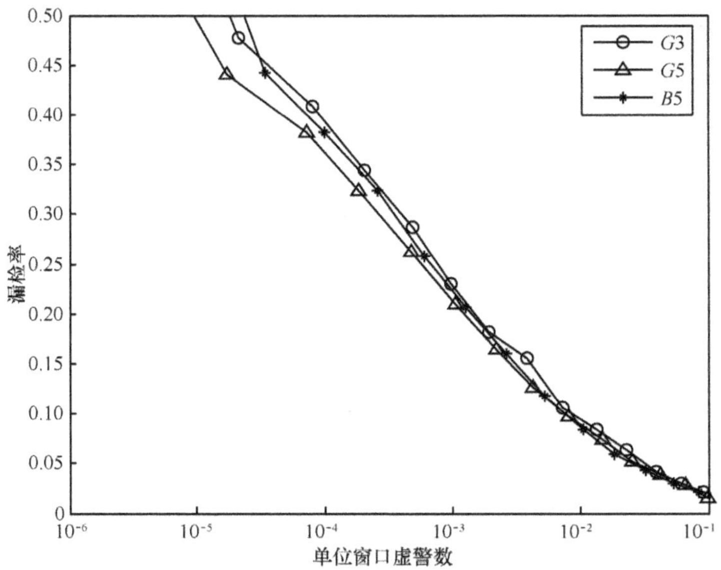

图 5-9　滤波算子对分类器性能的影响

化，本文选择了第二种处理方案，以检测窗口中局部的数据块为单位，对底层特征进行归一化。

本文采用了两种归一化方法，分别是 L_1_norm 和 L_2_norm ，通过比较实验来说明归一化方法对分类器性能的影响。 L_1_norm 和 L_2_norm 两种归一化方法的定义分别如式（5-11）和式（5-12）所示。

$$f_d = \frac{f_d}{\sum_d \sum_{i=1}^{k} |f_d(i)| + \varepsilon} \tag{5-11}$$

$$f_d = \frac{f_d}{\sqrt{\left(\sum_d \sum_{i=1}^{k} f_d(i)^2\right) + \varepsilon}} \tag{5-12}$$

其中， $d \in D = \{0°, 45°, 90°, 135°\}$ 表示梯度计算的方向； f_d 是子窗口内

的底层特征；k 是子窗口内像素的个数；ε 是一个小的常数，以防止上式的分母为 0，本文中选择为 1。这里在归一化处理过程中，没有在每个梯度方向分别归一化，而是将所有的梯度方向综合考虑，这样会抑制图像的一些方向性噪声，有利于提取样本中梯度的主方向信息。

从式（5-11）和式（5-12）中可以看出，如果直接对子窗口梯度的平方或者绝对值进行求和，计算耗时巨大，实时性较差。为了提高计算速度，可以借鉴 Viola 和 Jones[89] 提出的积分图的概念，将其进行扩展来计算平方积分图。

两种归一化方法的比较结果如图 5-10 所示，实验结果表明：L_1_norm 与 L_2_norm 相比较，分类器的性能有所提高，在虚警率是 10^{-4} 时，L_1_norm 的漏检率约是 0.34，相比较 L_2_norm 的漏检率降低 6.85%。

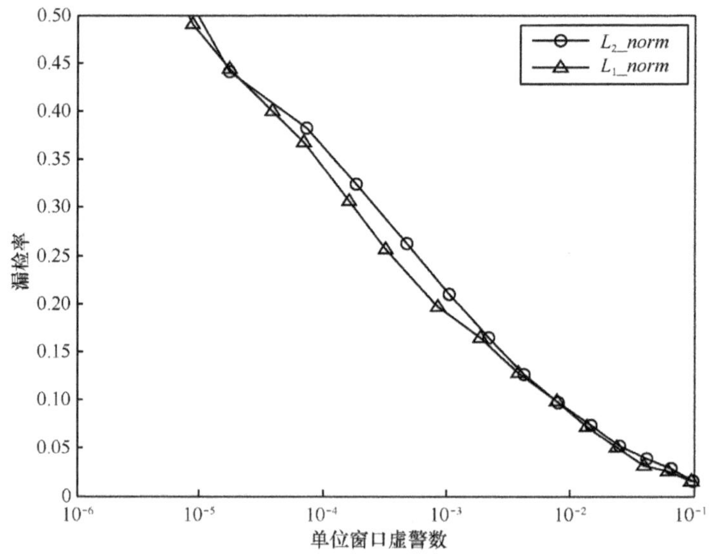

图 5-10 归一化方法对分类器性能的影响

通过上述分析和相关实验的验证，可以看出，按照如下方式定义的 Shapelet 特征与标准 Shapelet 特征相比，提高了分类器的检测性能。

（1）基于浓密的、多尺度的子窗口的空间分布（Shapelet_SML 特征集与 S_3 模式的子窗口跨度）。

（2）底层特征计算采用 G_5 滤波算子。

（3）基于子窗口 L_1_norm 的归一化方式。

5.3　相关实验结果

首先对实际道路图像进行了测试，图 5-11 是在城市道路双人情况下的检测结果。图 5-11（b）是在原始图片（图 5-11（a））上首先根据 Adaboost 算法得到候选行人，然后利用 mean shift 算法对其进行融合处理之后的结果，该测试图片的背景比较杂乱，存在许多外形像人的物体，如树桩、路牌、电线杆和建筑物的窗户等，所以在图 5-11（b）中得到许多的候选区域。对上述候选区域进行进一步的识别操作，结果如图 5-11（c）所示，利用改进 Shapelet 特征较强的行人与非行人的鉴别能力剔除掉非行人区域。

（a）原始图片　　　　　（b）行人候选区域　　　　　（c）行人识别

图 5-11　城市道路双人图像检测结果

除此之外，我们还对 INRIA 行人数据库的一些标准图片进行了测试，这些测试图片的背景比较复杂，包括城市的街道、路边草坪等，图 5-12 显示了部分的检测结果。从检测结果来看，基于改进 Shapelet 特征的行人识别算法具有很好的检测性能。另一方面，图 5-13 显示了上述行人识别算法的一些失效的检测结果，可以看出，基于改进 Shapelet 特征的行人识别算法难以处理由于遮挡问题造成的行人形状的变化，对这种场景的行人会发生漏检现象。

图 5-12　基于改进 Shapelet 特征的行人识别算法检测结果（一）

图 5-13　基于改进 Shapelet 特征的行人识别算法检测结果（二）

5.4　本章小结

本章提出了基于改进 Shapelet 特征的行人识别算法。

首先介绍了标准的 Shapelet 特征。Shapelet 特征是一种用于描述局部轮廓的高级特征，对人体的形状，如人体肩膀和头部形成的

Ω 形状和双腿的垂直边缘等，具有较强的表达能力。每个 Shapelet 特征与行人样本的一个子窗口相对应，在子窗口内部使用 Adaboost 算法在底层的梯度特征集中选择特征子集，用特征子集的线性组合来构成当前子窗口的 Shapelet 特征。在所有的 Shapelet 特征中再次使用 Adaboost 算法选择若干具有较强鉴别能力的特征来构造行人识别算法。

然后，在介绍标准 Shapelet 特征的基础上，本文在子窗口的空间分布、底层特征的计算和归一化方法等几方面对 Shapelet 特征集进行扩展。相关实验的结果表明，按照如下方式定义的 Shapelet 特征与标准 Shapelet 特征相比，提高了行人识别算法的检测性能。

（1）基于浓密的、多尺度的子窗口的空间分布（Shapelet_SML 特征集与 S_3 模式的子窗口跨度）。

（2）底层特征计算采用 G_5 滤波算子。

（3）基于子窗口的 L_1_norm 的归一化方式。

最后，通过对实际道路图像和行人数据库标准图像的测试进一步阐述了本章工作的有效性和实用性，同时也指出了该算法使用的局限性和条件性。

第6章
基于部位的行人识别算法

  第 5 章介绍了基于改进 Shapelet 特征的行人识别算法，并给出相关的实验结果。从图 5-13 所示的检测结果可以看出以下两个问题：其一，由于行人的姿态变化万千，造成行人样本类内变化非常大，并且行人与行人之间、行人与其他障碍物之间或者行人的肢体之间经常会存在不同程度的相互遮挡；其二，以整个人体为样本训练得到的检测器不能很好地处理遮挡问题。基于上述两方面，许多学者考虑采用基于部位的分类器集成。将对行人的检测分解为对行人相关部位，如头部、躯干、四肢等的检测，在此基础上，对各部位检测的结果进行集成。由于局部部位具有的识别信息相对有限，所以一般单一的部位检测器虚警率都很高。为了解决上述问题，在对检测结果进行集成时需要引入非视觉的知识来约束各个部位之间的几何关系。引入部位之间的几何约束后，可以大大降低检测器的虚警率，但另一方面，如果这种约束关系是建立在所有部位之间的，那么一旦一个部位漏检就会使整个约束无效，造成目标行人的漏检。

  为了保证在一定检测率的前提下获得较低的虚警率，可以引入子结构来刻画各部位之间的几何约束，能够带来更加顽健的检测效果。本文在文献[99]的基础上提出了一种用于行人识别的部位检测器集成模型。集成模型由若干个子结构构成，其中每个子结构包含多个部位检测器。当子结构包含的所有部位检测器都判断为正例并且各个部位之间满足子结构中定义的几何约束时，子结构就判定为正例。仅当有一个子结构判定为正例，集成模型就判定该检测窗口为正例。该集成模型一方面引入部位之间的几何约束，可以降低虚警率；另一方面当一个子结构判断为正例的时候，整个检测器就判断为正例，这一规则很好地应对由于遮挡等带来的部位漏检问题，可以提高检测器的检测率。当然，这种基于子结构的集成模型不能是任意的，因为不同的组织方式可以允许不同数目的部位漏检，也就会获得不同的检测性能。因此，必然会提出这样一个问题：在允许指定数目的部位漏检的情况下，是否存在一种最优的集成方式，使其具有最小的虚警率。

本章包括以下几部分内容：第 1 节对相关的工作进行介绍；第 2 节对系统进行概述；第 3 节详细说明基于部位的行人检测器集成模型的构成；第 4 节介绍最优集成检测器的学习算法；第 5 节给出基于集成模型的行人检测算法流程；第 6 节给出相关的实验和分析；最后是本章的小结。

6.1　集成模型的相关工作

基于部位的集成模型根据集成方法的不同，主要分成两大类：全局模型和分布式模型。

6.1.1　全局模型

全局模型着重刻画所有部位之间的关系，如 Mohan[62]将人体建模为头肩（Head and Shoulders）、下肢（Lower Body）、左臂（Left Arm）、右臂（Right Arm）4 个部位。采用 SVM 算法训练相对应的 4 个部位分类器，各个部位之间的位置约束被定义为检测窗口的固定位置，也就是在检测窗口的指定位置检测相应的部位。除了这种确定性地描述各个部位之间位置关系的全局模型之外，Fergus[100] 采用概率的方法，将部位之间的位置关系用一个联合高斯模型来拟合。Agarwal[101] 将部件之间的角度和距离信息表示成 40 维的特征向量，经过训练得到一个稀疏的 Winnow 网络。

6.1.2　分布式模型

为了使集成模型能够更好地应对部件的漏检，近几年，许多学者提出了分布式的集成模型。这种模型采用部件子集来描述部件之间的几何约束，对整个目标对象而言，则包含若干个上述的部件子集。关于部件子集的结构，二元组构成的子集因为其结构简单，经常被使用，子集中的两个部件之间的位置关系通常采用高斯函数进行拟合[102~104]。为了满足旋转不变性，三元组[105, 106]或者更高阶的关系[107]也被用来构造部件子集。另外，基于图论理论，多种集成模型的拓扑形式被提出，如混合树模型[103]、无环图模型[108]、星型[102]、最小支撑树[109]等。虽然上述模型大多提高了分类器的检测率，但是对于模型与检测性能之间的定量关系都没有给出具体的分析。

6.2　系统结构概述

本章提出了一个两阶段的基于部位的行人检测系统。在行人检测过程的第一阶段，根据第 3 章提出的行人假设方法，扫描整幅图

片并得到候选行人。这个阶段要求在虚警率不过分高的情况下，检测率尽可能高。在第二阶段，获取候选行人的部位信息，根据集成模型的决策，形成对候选行人的验证结果。首先，按照图 6-1 定义候选行人的各部位检测区域；其次，部位检测器在各自部位检测区域内检测相应的部位，这是因为人体部位的几何约束，即头只能出现在检测窗口的上半部分，下肢只能出现在检测窗口的下半部分，而且由于各个部位检测器不会检测不必要的图片位置，会提高检测速度；最后，将检测得到的每个部位检测框的响应值和几何信息提交集成模型，形成对候选行人的验证结果。算法的图示说明见图 6-2。

图 6-1　人体各个部位的检测区域定义

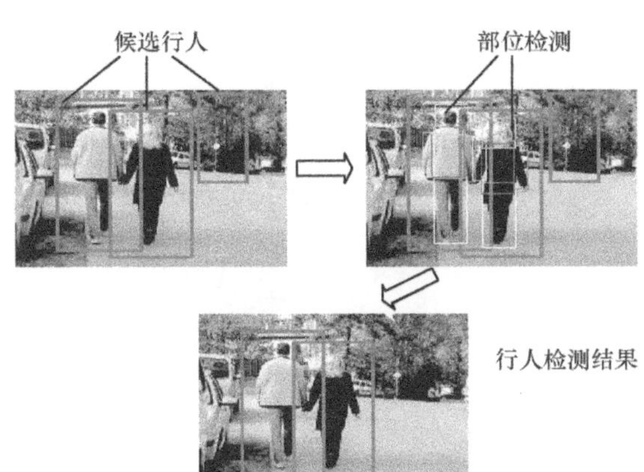

图 6-2　行人检测算法示意

本算法具有以下优点：（1）部位检测器仅扫描与候选行人相对应的图像区域，大大地节约了检测时间；（2）通过结合候选行人的部位信息来对候选行人做最后的决策，能够尽可能地降低虚警率。

6.3　基于部位的行人检测器集成模型

6.3.1　模型概述

基于部位的行人检测器集成模型结构如图 6-3 所示。

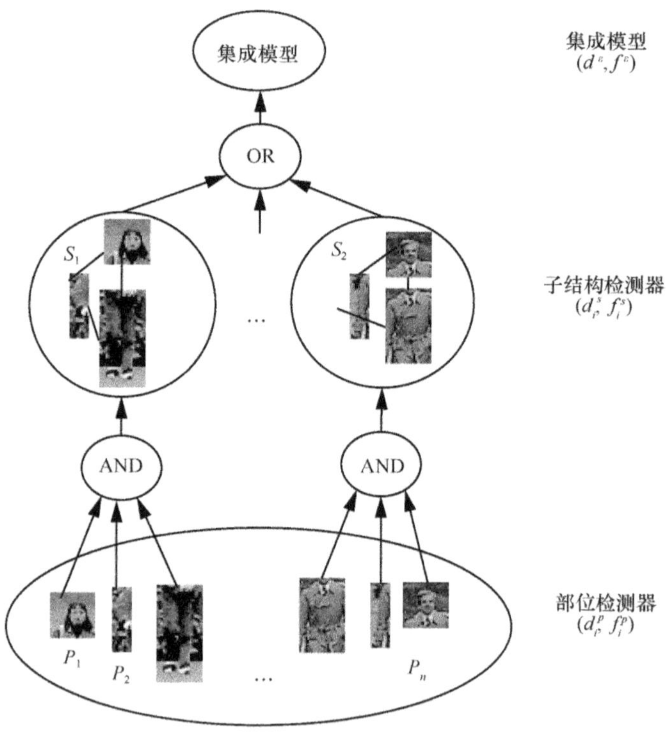

图 6-3　集成模型结构

对象 O 包含 n 个部位，分别为 $\{p_1, p_2, \cdots, p_n\}$，每个部位 p_i 对应一个检测器，其检测率和虚警率表示为 $\left(d_i^p, f_i^p\right)$，由于局部包含的鉴别信息有限，所以部位检测器的检测率相对较低而虚警率相对较高。子结构检测器由若干个部位检测器组成，并且包含各个部位之间的位置和尺度约束。仅当子结构中所有的部位检测器都检测为正例，并且满足约束时，子结构检测器才判定为正例，也就是说子结构内部是不允许部位漏检的。相应子结构的检测率和虚警率表示为 $\left(d_i^s, f_i^s\right)$。检测器的集成模型 ε 由若干个子结构构成，至少一个子结构检测为正例，集成检测器才判定为正例，其检测率和虚警率定义为 $\left(d^\varepsilon, f^\varepsilon\right)$。

6.3.2　部位检测器

人体被建模为 5 个自然部位的组装，包括头部、躯干、下肢、左臂和右臂，各部位的定义如图 6-4 所示。对于 64×128 的行人样本，各个部位的具体参数如表 6-1 所示。

图 6-4　人体 5 个部位定义的示意

各个部位检测器采用基于改进 Shapelet 特征的检测算法，训练样本是对取自于 MIT 数据库[64]的样本按照图 6-4 所示的位置进行裁剪得到的。

表 6-1　行人部位的位置参数

部位	位置（x，y，$width$，$height$）
头部	（18，12，28，28）
躯干	（18，28，28，46）
下肢	（18，60，28，60）
左臂	（12，34，12，40）
右臂	（40，34，12，40）

6.3.3　子结构检测器

对于子结构检测器而言，选择一个合适的结构是至关重要的。如果子结构中包含了太多的部位检测器，则会因为个别部位检测器的漏检而使整个子结构的检测率较低；另一方面，如果子结构中包含的部位检测器太少，部位之间的约束关系很容易就得到满足，必然会导致高的虚警率。本系统中，选择三元组作为子结构的结构形式，具有如下几方面的优点：（1）相比较简单的二元组而言，三元组之间的位置约束关系具有旋转不变性；（2）便于平衡检测器的虚警率和检测率之间的矛盾；（3）这种结构形式与人的直觉也是相吻合的，在 5 个部位中，存在三个部位，并且满足几何约束关系，一般就可以判定存在一个真实的个体。

在图像进行检测时，假设部位 p_i 共检测到 k_i 个候选区域，这样每个候选的行人对象可以表示成一种编码形式：$L = \{l_1, l_2, \cdots, l_n\}$，其中 $l_i \in \{0, 1, \cdots, k_i\}$ 表示第 i 个部位所对应的候选区域，$l_i = 0$ 表示该部位漏检。每个子结构由两部分组成，可以表示成 $S_j = \{P_j, h_j(L_j)\}$ 的形式。其中，$P_j \subseteq O$ 指示该子结构所包含的部位，L_j 是对象编码 L 在 P_j 上的投影，$h_j(L_j)$ 是一个决策函数，用于说明候选区域 L_j

与训练样本的吻合程度，决策函数的定义为

$$h_j(L_j) = \begin{cases} 0, & \exists i,\ p_i \in P_j,\ l_i = 0 \\ \ln H_j(L_j) - \lambda_j, & 其他 \end{cases} \tag{6-1}$$

其中，H_j 是从训练数据中得到的似然函数，将其与预先设定的阈值 λ_j 进行比较。子结构 S_j 判定为正例的条件是当且仅当满足

$$h_j(L_j) > 0 \tag{6-2}$$

满足式（6-2）的条件，意味着子结构中所有的部位不能漏检，并且各个部位之间满足指定的几何约束关系，这与前述关于子结构的描述是相吻合的。

6.3.4　子结构检测器的学习

子结构检测器的学习主要是通过对训练集样本的学习获得子结构决策函数 $h_j(L_j)$ 的表达，并得到检测器在测试集上的检测率 d_j^s 和虚警率 f_j^s。由式（6-1）可知，函数 $h_j(L_j)$ 主要包括似然 H_j 和阈值 λ_j，用于描述当前的子结构 P_j 与训练样本在几何约束方面的吻合程度。其中，阈值 λ_j 的选择要保证决策函数 $h_j(L_j)$ 在训练样本集上有较高的检测率，本文设 $d_j^s = 99\%$。对于似然 H_j，刻画各个部位之间约束关系的变量分别为各个部位之间的尺度比 $Scale$（二维向量）、三个部位中心点形成的三角形内角 $Angle$（二维向量）、三角形三边之间的距离比 $Distance$（二维向量），其中后面两项的具体含义如图 6-5 所示。$Angle = (\alpha_1, \alpha_2)$ 代表三角形的两个内角，(d_1, d_2, d_3) 分别表示三个部位中心点之间的距离，距离的比值不妨定义为 $Distance = \left(\dfrac{d_2}{d_1}, \dfrac{d_3}{d_2} \right)$。将上述三个变量（$Scale, Angle, Distance$）各自概率分布的组合定义为似然函数 H_j。

$$H_j(L_j) = p(Scale) + p(Angle) + p(Distance) \qquad (6\text{-}3)$$

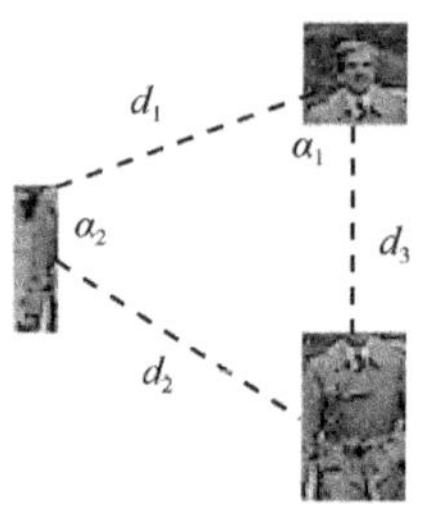

图 6-5　部位位置约束关系

不妨假设上述三变量 $Scale$、$Angle$、$Distance$ 服从高斯分布，定义其对应的概率密度函数为

$$p(\boldsymbol{x}|\boldsymbol{\Theta}) = p(\boldsymbol{x}|\boldsymbol{\mu}, \boldsymbol{\Sigma}) = \left|2\pi\boldsymbol{\Sigma}\right|^{-\frac{1}{2}} \exp\{-\frac{1}{2}(\boldsymbol{x}-\boldsymbol{\mu})^{\mathrm{T}}\boldsymbol{\Sigma}^{-1}(\boldsymbol{x}-\boldsymbol{\mu})\} \quad (6\text{-}4)$$

其中，$\boldsymbol{\Theta}=(\boldsymbol{\mu},\boldsymbol{\Sigma})$，$\boldsymbol{\mu}$ 为均值向量，$\boldsymbol{\Sigma}$ 为协方差矩阵。我们利用极大似然估计方法来估算参数 $\boldsymbol{\Theta}$。训练子结构的行人样本由 1 848 个行人图片组成（来自 MIT 的行人数据库[64]）。行人图片分为训练集和测试集，样本采集程序界面如图 6-6 所示。

首先选择"自动标注"方式，根据用户指定的采样部位使用相应的部位分类器检测当前的行人样本，由于每个部位检测器可能会在相应图像上有多个检出框，这里自动选择分类器响应值最高的检出框显示到界面，若当前的检出框位置与行人样本的实际部位位置不吻合，用户可以选择"手工标注"按钮，以交互的方式来完成部位的定位。对上述标注的样本计算相关的尺度比、内角和距离比向量，得到需要的子结构数据样本。定义 $\boldsymbol{\chi} = \{\boldsymbol{x}_1, \boldsymbol{x}_2, \cdots, \boldsymbol{x}_N\}$ 表示数据样本集，似然函数为

$$L(\boldsymbol{\Theta}|\boldsymbol{\chi}) = p(\boldsymbol{\chi}|\boldsymbol{\Theta}) = \prod_{i=1}^{N} p(\boldsymbol{x}_i|\boldsymbol{\Theta}) \qquad (6\text{-}5)$$

根据 $\boldsymbol{\Theta}^* = \arg\max\limits_{\boldsymbol{\Theta}} L(\boldsymbol{\Theta}|\boldsymbol{\chi})$，解方程组可以得到参数的估计为

$$\hat{\mu} = \frac{1}{N}\sum_{k=1}^{N} \boldsymbol{x}_k$$

$$\hat{\boldsymbol{\Sigma}} = \frac{1}{N}\sum_{k=1}^{N}(\boldsymbol{x}_k - \hat{\mu})(\boldsymbol{x}_k - \hat{\mu})^{\mathrm{T}} \qquad (6\text{-}6)$$

将估算得到的参数代入式（6-4）即可得到三个变量 *Scale*、*Angle*、*Distance* 各自的概率密度函数，最后将密度函数代入式（6-3）得到似然函数 H_j 的表达。

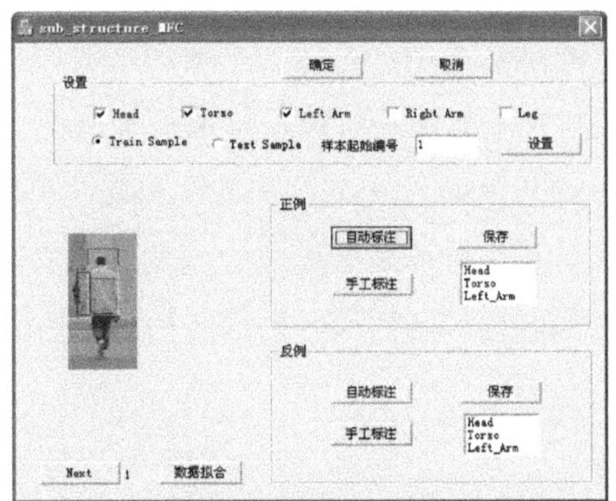

图 6-6　子结构检测器的样本采集程序界面

根据得到的子结构似然函数 H_j 的表达，对通过采集程序获得的测试数据集进行检测，分别得到相应的检测率 d_j^S 和虚警率 f_j^S。

6.3.5　集成检测器

尽管每个子结构需要它所属的所有部件检测器都不能漏检，但是采用多个子结构会使整个集成检测器对于部位漏检更加顽健。集成检测器 ε 由一系列子结构检测器构成。对每个候选行人进行决策时，凡满足以下条件的判断为正例：集成检测器中当且仅当至少存在一个子结构检测器有效，并且不存在决策函数 $h_j(L_j) < 0$ 的子结构检测器。

对于行人检测而言，共有 5 个部位检测器，在每个子结构包括三个部位的前提下，可以组成 10 个子结构。如何选择子结构来组成集成检测器？是否存在一种最优的选择？

6.4 最优集成检测器的学习

从所有可能的子结构中，选择若干个形成集成检测器是一个组合问题。对于包含 n 个部位的对象，从所有可能的三元组中选择一个子集的组合复杂度是 $O(2^{n^3})$，这就给最优集成检测器的学习带来了很大的困难。下面在介绍最优集成检测器学习算法之前，首先引入覆盖集（Covering Set）的定义，来描述检测器具有的允许部位漏检的能力。

6.4.1 覆盖集

集成检测器具有的允许部位漏检的能力与它的结构是密切相关的。如果选择不恰当，就可能会因为某一个部位的漏检而导致整个检测的失败，这样会造成更低的检测率。如图 6-7（a）所示，集成检测器 ε 包括两个子结构用于检测包括 4 个部位的对象。如果某对象实例的部位 A 漏检，这样两个子结构都会检测失效，相应的集成检测器也不会检测到该对象实例。这样的检测器显然是低效的，因为仅漏检一个部位就会造成整个对象的检测失败，在部件 A 频繁漏检的情况下，检测器的检测率就会很低。图 6-7（b）所示的集成检测器 ε 由三个子结构组成，用于检测包括 5 个部位的对象。该集成检测器具有较好的应对部位漏检的能力，无论哪一个部位漏检，都会至少存在一个有效的子结构，具有图 6-7（b）结构的集成检测器具有较高的检测率，并且结构简单，包含的子结构数目与所有的子结构数目（ $\dbinom{5}{3}=10$ ）相比较少。从图 6-7 可以看出，集成检测器的检测率与它的拓扑结构是密切相关的。构建具有较高检测率的集成检测器是一个集合覆盖问题，下面给出覆盖集的具体定义。

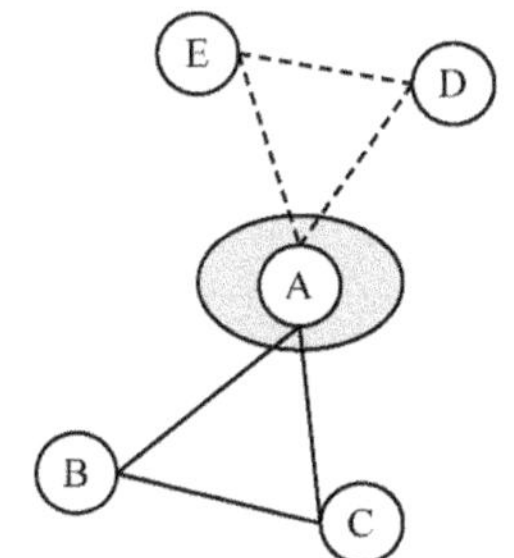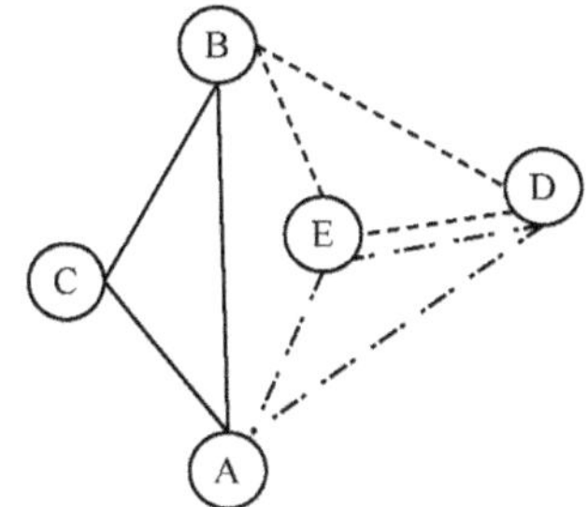

（a）包含两个子结构的集成检测器　　　　（b）包含三个子结构的集成检测器

图 6-7　集成模型示例

假设包含 n 个元素的集合 O，定义 $C_m = \{c \mid c \subseteq O, |c| = m\}$ 为包含 m 个元素的子集的集合，称满足以下条件的集合 $S \subseteq C_m$ 是集合 O 的一个覆盖。

（1）对于任一个 $c \in C_t$，$t \geq m$，至少存在一个 $s \in S$，满足 $s \subset c$。

（2）$C_t = \{c \mid c \subseteq O, |c| = t\}$。

（3）其中不包含其他覆盖的最小集合被称为覆盖集。

由上述定义可知，如果定义集成模型是行人对象 O 的一个 $(4,3)$ 覆盖集，那么对于一个候选行人而言，当有任意的 4 个部位被检测到，在 $(4,3)$ 覆盖集中必然存在一个子结构，其对应的部件全部被检测到，所以该候选行人被判定为正例。覆盖集的定义保证了集成检测器具有较高的检测率。

覆盖集的定义与图论中 $Turan$ 数[110]的定义相关，$Turan$ 数定义如下。

$$T(n,t,m) = \min\{c \,\|\, c \text{ 是对象 } O \text{ 一个 } (t,m) \text{ 覆盖}, \ n \text{ 是对象 } O \text{ 中包含对象的个数}\}, \ (n \geq t \geq m)$$

对于一包含 n 个元素的集合，$Turan$ 数定义了覆盖集中所包含元素的个数。表 6-2 给出了部分集合的 $Turan$ 数[110]，如 $t=4, n=5$ 时，$T(5,4,3)=3$。图 6-7（b）是一个包含 5 个元素的集合的一个 $(4,3)$ 覆盖集。

表 6-2　$T(n,t,3)$ 的定义

$T(n,t,3)$ ＼ n t	5	6	7	8	9	10
3	10	20	35	56	84	120
4	3	6	12	20	30	45
5	1	2	5	8	12	20
6	–	1	2	4	7	10

对于物体检测，定义最多可以漏检的部位数目 $\kappa(\varepsilon)$ 为

$$\kappa(\varepsilon) = \max\{p \,|\, \varepsilon \text{ 是对象 } O \text{ 的 } (n-p,3) \text{ 覆盖}\} \tag{6-7}$$

该定义的含义为：对对象 O 的一个实例进行决策时，如果有 $\kappa(\varepsilon)$ 个部位漏检，那么在 ε 中至少存在一个子结构，其包含的部位都存在。

6.4.2　集成检测器检测率和虚警率的估计

引入了覆盖集的定义，把集成检测器的拓扑结构与它的检测性能直接联系起来。由于存在多个子结构，并且可以很好地处理部位漏检问题，所以检测率将会得到提升。下面就对集成检测器的检测率和虚警率进行定量的估计。

（1）检测率

包含 n 个部位 $\{p_1,p_2,\cdots,p_n\}$ 的检测目标 O，集成模型 ε，子结构 $S_j=\{P_j,h_j(L_j)\}$，$P_j\subseteq O$。不妨假设漏检部位之间互相独立，其检测率为

$$d^\varepsilon = \sum_{D\subseteq O}(p(D)d(D)) \tag{6-8}$$

其中，在所有 2^n 种部件组合方式中，D 指检测成功的组合方式。

$$p(D)=\prod_{p_i\in D}d_i^p\prod_{p_i\notin D}(1-d_i^p) \tag{6-9}$$

$p(D)$ 是 D 发生的概率。假设子结构的检测互相独立，则有

$$d(D)=1-\prod_{S_j\in\varepsilon,P_j\subseteq D}(1-d_j^S) \tag{6-10}$$

$d(D)$ 是检测率。在目标对象被检测到的情况下，至少存在一个子结构必然被检测到。如果没有独立性假设，则检测率的保守估计为

$$d(D)\geq 1-\min_{S_j\in\varepsilon,P_j\subseteq D}(1-d_j^S)=\begin{cases}\max\limits_{S_j\in\varepsilon,P_j\subseteq D}d_j^S, & \exists j\\ 0, & \text{其他}\end{cases} \tag{6-11}$$

假定所有的部位检测器具有相同的检测率 $d_i^p=d^p$，子结构的检测率也相同 $d_i^S=d^S$，则集成检测器的检测率可以进一步简化

为

$$d^{\varepsilon} = \sum_{D \subseteq O} ((d^p)^{|D|}(1-d^p)^{n-|D|}(1-(1-d^S)^{|\{j|P_j \subseteq D\}|})) \tag{6-12}$$

进一步，在最多可以漏检的部位数目为 $\kappa(\varepsilon)$ 的情况下，定义 $t = n - \kappa(\varepsilon)$，则检测率满足

$$d^{\varepsilon} \geqslant \sum_{|D| \geqslant t} ((d^p)^{|D|}(1-d^p)^{n-|D|}(1-(1-d^S)))$$

$$= d^S \sum_{k=t}^{n} \binom{n}{k} (d^p)^k (1-d^p)^{n-k} \tag{6-13}$$

式（6-13）说明，增大 $\kappa(\varepsilon)$，可以提高集成检测器的检测率。

（2）虚警率

在集成模型中，由于每个子结构都可以判断整个检测对象的存在，即集成检测器的虚警率等于包含的所有子结构虚警率之和

$$f^{\varepsilon} = \sum_{S_j \in \varepsilon} f_j^S \tag{6-14}$$

所以检测器的虚警率可能较高。不过，另一方面由于在子结构内部引入了部位之间的几何约束，所以也可以适当降低虚警率。

总之，一个包含多个子结构的集成检测器具有较高的检测率，同时也可能会带来较高的虚警率。因此，为了得到性能较好的检测器，需要在这两者之间进行折中。

6.4.3　最优集成检测器的学习算法

最优集成检测器的学习需要平衡检测率和虚警率之间的矛盾。在指定最多可以漏检的部位数目 $\kappa(\varepsilon)$ 的前提下，最优集成模型定义为

$$\varepsilon_{\mathrm{opt}} = \arg\min_{\varepsilon}\{\sum_{S_j \in \varepsilon} f_j^S\} \qquad (6\text{-}15)$$

$$\text{s.t. } t \geqslant n - \kappa(\varepsilon), \varepsilon \subset T$$

其中，$T = \{S_1, S_2, \cdots, S_m\}$，$m = \binom{n}{3}$ 是所有的子结构集合。最优模型是在指定 $\kappa(\varepsilon)$ 的前提下，具有最少虚警率的一种组合形式。

构造 $\varepsilon_{\mathrm{opt}}$ 是一个组合优化问题，采用随机搜索方式。初始化 $\varepsilon = T$，每一步操作，从当前的 ε 中依照概率随机选择一个子结构并删除，要保证删除之后的集合依然是覆盖集，依概率随机选择保证那些具有较大虚警率的子结构具有较高的概率被选中。执行上述操作 N 次，从中选择具有最小虚警率的 ε 作为最优的集成模型。具体算法如下。

模型选择算法如下。

{

输入：子结构集合 $T = \{S_1, S_2, \cdots, S_m\}$，每个子结构的虚警率 f_j^S，最多可以漏检的部位数目 $\kappa(\varepsilon)$，部件个数 n

令 $t = n - \kappa(\varepsilon)$

for $i = 1, \cdots, N$

 (a) initialize $\varepsilon_i = T$

 (b) while ε_i 是一个 $(t, 3)$ 覆盖集

依概率 $p = \dfrac{\alpha^{f_{i_k}^S}}{z}$ 从 ε_i 中选择一个子结构，记为 S_{i_0}，其中 z 是归一化因子，α 是常数因子

 $\varepsilon_i = \varepsilon_i - S_{i_0}$

end

$$输出：\quad \varepsilon_{\mathrm{opt}} = \arg\min_{\varepsilon_i}\{ \sum_{S_j \in \varepsilon_i} f_j^S \mid 1 \leqslant i \leqslant N \}$$

}

对于行人检测而言，包括 5 个部位，子结构集合 $T = \{S_1, S_2, \cdots, S_{10}\}$，根据 6.3.4 节学习得到各个子结构的检测率 d_j^S 和虚警率 f_j^S，令最多可以漏检的部位数目 $\kappa(\varepsilon) = 1$。通过模型选择，可以得到如图 6-8 所示的最优集成检测器模型。

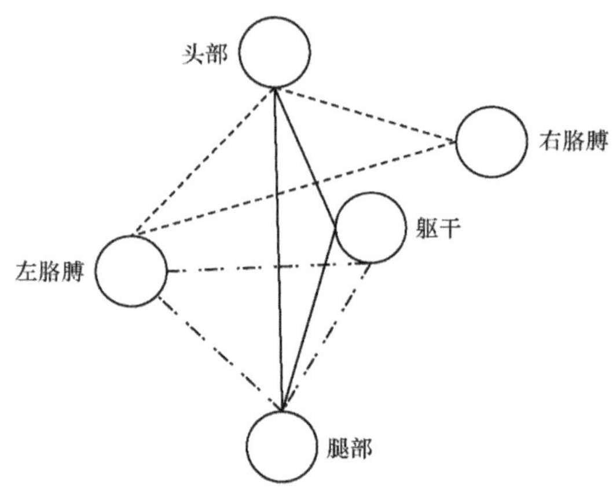

图 6-8　最优集成检测器模型

6.5　基于集成模型的行人检测

基于集成模型的行人检测，其主要任务是：在对候选行人的 5 个部位进行检测得到候选部位的基础上，将候选部位按照集成模型进行组合，并进一步根据得到的组合方式判定候选行人是行人还是非行人。本书采用马尔可夫随机场理论来完成基于集成模型的行人检测任务。

马尔可夫随机场[111]是概率论的一个分支，它能很好地刻画各种现象之间具有的物理或者特征方面的相关性。对于基于部位的行人检测而言，由于子结构内部的部位之间具有空间的约束关系，所以用马尔可夫随机场来研究基于集成模型的行人检测是合理和有效的。由于具有完备的数学理论，马尔可夫场也广泛应用在图像处理的其他方面，如边缘检测、图像恢复、配准、三维重建及运动估计等。

6.5.1　马尔可夫随机场理论

假设随机场 $L = \{L_1, L_2, \cdots, L_m\}$ 是定义在空间位置集 $S = \{1, 2, \cdots, n\}$ 上的一族随机变量，它的相空间为 $T = \{0, 1, 2, \cdots, k\}$，通常称为一个标号。为了研究数据的空间相关性，首先定义邻域系统

$$N = \{N_i \,|\, i \in S\} \tag{6-16}$$

其中，N_i 是位置 i 的邻域，邻域具有下列属性：

（1）$i \notin N_i$；

（2）$i \in N_j \Leftrightarrow j \in N_i$。

邻域系统中有一个重要的概念就是势团，称 S 的子集 c 为势团，如果 c 中任意的两个元素相邻。它包含单点势团 $c = \{i\}$、双点势团 $c = \{i, i'\}$、三点势团 $c = \{i, i', i''\}$ 等，势团内不同节点之间均满足相邻关系（单点势团除外）。

随机变量族 $L = (L_s)_{s \in S}$ 称为关于邻域 $N = \{N_i \,|\, i \in S\}$ 的马尔可夫随机场，如果它满足：

（1）$P(l) = P(L_1 = l_1, L_2 = l_2, \cdots, L_m = l_m) > 0$；

（2） $P(l_i | l_{S-\{i\}}) = P(l_i | l_{N_i})$ 。

第一个条件称为非负性，第二个条件称为马尔可夫性。多数情况下，需要知道马尔可夫场的联合概率，但是，从马尔可夫局部概率导出联合概率非常困难。Hammersley and Clifford 定理[112]证明了马尔可夫随机场和 Gibbs 分布的等价性。

随机变量族 $L = (L_s)_{s \in S}$ 称为关于邻域 $N = \{N_i | i \in S\}$ 的 Gibbs 随机场，当且仅当随机场服从下列形式的 Gibbs 分布

$$P(l) = Z^{-1} e^{-\frac{1}{T} U(l)} \qquad （6-17）$$

其中，

$$Z = \sum_{l \in L} e^{-\frac{1}{T} U(l)} \qquad （6-18）$$

是归一化因子。$U(l)$ 称为能量函数，其表达式为

$$U(l) = \sum_{c \in C} V_c(l) \qquad （6-19）$$

这里的能量函数为一系列定义在势团 c 上的势函数 $V_c(l)$ 的总和，C 是所有势团的集合。T 为温度参数，通常情况下，取 $T = 1$。

Hammersley and Clifford 定理建立了模型的局部特征与全局特征之间的联系，为马尔可夫场的应用开创了广阔的领域。使人们可以利用描述局部特征的马尔可夫随机场来描述具有全局特征的 Gibbs 随机场。

MAP-MRF 框架：马尔可夫随机场模型经常被用于统计推理，用来构造优化问题的目标函数。MAP-MRF 框架最早由 Geman 和 D. Geman[113]提出，后来被广泛应用于图像处理领域。

根据贝叶斯公式，后验概率可以表示为

$$P(l|d) = \frac{p(d|l)P(l)}{p(d)}$$

（6-20）

$P(l)$ 是 l 的先验概率，对于指定数据 d ，$p(d|l)$ 是关于 l 的条件概率密度，也称之为似然函数。$p(d)$ 是数据 d 的密度函数，相对于指定数据，是一个常数。

满足最大似然估计（MLE, Maximum Likelihood Estimation）的最优解定义为

$$l^* = \arg\max_{l \in L} P(l|d)$$

（6-21）

根据式（6-20）得

$$P(l|d) \propto p(d|l)P(l)$$

（6-22）

所以式（6-21）等价于

$$l^* = \arg\max_{l \in L}\{p(d|l)P(l)\}$$

（6-23）

根据式（6-17）可知，最大似然估计的最优解可以通过最小化后验能量函数来得到。

$$l^* = \arg\min_{l \in L} U(l|d)$$

（6-24）

其中，后验能量函数定义为先验能量 $U(l)$ 与似然能量 $U(d|l)$ 之和

$$U(l|d) = U(d|l) + U(l)$$

（6-25）

6.5.2　基于 MAP-MRF 框架的行人检测

基于 MAP-MRF 的行人检测算法流程如图 6-9 所示。

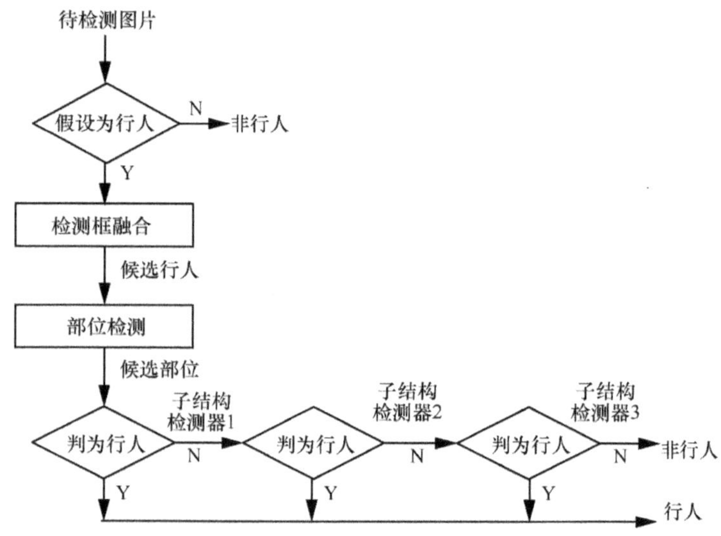

图 6-9 基于 MAP-MBF 的行人检测算法流程

首先按照第 3 章和第 4 章所介绍的行人假设和检测框的融合算法产生候选行人，对候选行人按照图 6-1 确定各个部位的检测区域，在上述检测区域内，使用部位检测器检测得到相应的候选部位。假设部位 p_i 共检测到 k_i 个候选区域，这样每个候选行人可以表示成一种编码形式：$L = \{l_1, l_2, \cdots, l_5\}$，其中 $l_i \in \{0, 1, \cdots, k_i\}$ 表示第 i 个部位所对应的候选区域，$l_i = 0$ 表示该部位漏检。对子结构 $S_j = \{P_j, h_j(L_j)\}$，$j = 1, 2, 3$，根据最大似然估计，搜索具有最小后验能量的编码，作为问题的最优解。根据式（6-25）后验能量的定义，忽略该式中的先验能量，得到

$$l^* = \underset{l \in L_j}{\arg\min} \, U(d|l) \tag{6-26}$$

其中，L_j 是编码 L 在子结构 P_j 上的投影，似然能量定义为

$$U(d|l) = \sum_{\{i\} \in C_1} V_1(l_i) + \sum_{\{i, i', i''\} \in C_3} V_3(l_i, l_{i'}, l_{i''}) \tag{6-27}$$

一阶的势函数 $V_1(l_i)$ 与部位检测器输出的响应值有关。首先对部位检测器输出的响应值进行如下的归一化操作

$$F(l_i) = \frac{Score(l_i) - T}{TR - T} \qquad (6\text{-}28)$$

其中，$Score(l_i)$ 是部位检测器对候选区域 l_i 产生的响应值，T 是部位检测器的阈值，TR 是部位检测器中所有弱分类器的权重和。在此基础上，一阶势函数定义为

$$V_1(l_i) = \frac{1}{F(l_i)} \qquad (6\text{-}29)$$

三阶的势函数 $V_3(l_i, l_{i'}, l_{i''})$ 定义为候选区域与子结构模型之间的 Mahalanobis 距离

$$V_3(l_i, l_{i'}, l_{i''}) = \gamma(l_i, l_{i'}, l_{i''}, S_j) \qquad (6\text{-}30)$$

子结构的模型参数，包括变量 $Scale$、$Angle$、$Distance$ 的均值向量和协方差矩阵。参数估计见 6.3.4 节。

将式（6-29）和式（6-30）分别代入式（6-27）和式（6-26），得到关于子结构 S_j 的最优编码满足

$$l^* = \underset{l \in L_j}{\arg\min}\{\sum_{\{i\} \in C_1} \frac{1}{F(l_i)} + \sum_{\{i,i',i''\} \in C_3} \gamma(l_i, l_{i'}, l_{i''}, S_j)\} \qquad (6\text{-}31)$$

采用遗传算法（GA, Genetic Algorithm）[114]求解上述的优化问题，得到子结构 S_j 的最优编码。

最后将上述最优编码的能量与一个事先指定的阈值进行比较，满足条件

$$U(d|l^*) < \lambda \qquad (6\text{-}32)$$

则子结构检测器判断为正例，算法结束，否则进入下一个子结构检

测器，若三个子结构检测器都判断为反例，则当前的候选行人被判断为非行人。

6.6　相关实验和分析

首先对实际道路图像进行了测试，图 6-10 是在城市道路情况下的检测结果。图 6-10（b）是在原始图片（图 6-10（a））上得到的行人候选区域，该测试图片的背景比较杂乱，墙壁和树木的纹理变化容易被误判为行人，所以在图 6-10（b）中得到许多的候选区域。在行人集成检测框架下对上述候选区域进行进一步的识别，结果如图 6-10（c）所示。基于行人的集成检测框架，首先利用部位检测器对相应的部位检测区域进行扫描获得候选部位，然后根据子结构确定的各部位之间位置和尺度的约束剔除掉非行人区域。图 6-10（c）的小矩形框标识的是识别对象中，满足约束条件并且具有最小能量的子结构。

(a) 原始图片

(b) 行人候选区域

（c）行人识别

图 6-10　城市道路情况下的实验结果

　　除此，我们还对 INRIA 行人数据库的一些标准图片进行了测试。图 6-11 显示了部分的检测结果，从检测结果来看，基于部位的行人识别算法具有很好的检测效果，能够处理由于遮挡等造成的部位检测失效的问题。

图 6-11　集成检测器对标准图片的检测结果

6.7　本章小结

　　本章将改进的 Shapelet 特征与子结构概念相结合，提出了一种基于部位的行人识别方法。

　　针对行人检测中普遍存在的遮挡问题，本章提出了一种基于部位集成的行人检测算法。该检测算法首先将人体建模为 5 个自然部位的组装，包括头部、躯干、下肢、左臂和右臂，对行人的检测分解为对 5 个部位的检测，每个部位检测器采用基于改进 Shaplelet 特征的检测方法。在此基础上，对各部位检测的结果进行集成。关于部位检测器的集成，引入子结构来刻画各部位之间的几何约束。集成模型由若干个子结构构成，其中每个子结构包含多个部位检测器。当子结构中包含的所有部位检测器判断为正例并且各个部位之间满足子结构中定义的约束关系时，子结构就判定为正例。仅当有一个子结构判定为正例，集成检测器就判定该检测窗口为正例。

为了获得最优的集成方式，引入覆盖集概念，在集成检测器的检测率与它的拓扑结构之间建立联系，并从理论上推导出集成检测器的检测率和虚警率。然后，采用随机搜索的方式从所有的子结构中选择满足覆盖集定义，并且具有最小虚警率的子结构组合来构建集成检测器。最后，采用马尔可夫随机场理论来完成基于集成模型的行人检测任务。

通过对实际道路图像和行人数据库标准图像的测试进一步阐述了本章工作的有效性和实用性。

第 7 章

基于在线学习的行人检测

7.1 引言

在前几章介绍的行人检测算法中，都采用了 Adaboost 算法作为核心算法，并且相关的 Adaboost 算法都是基于离线学习的。所谓离线学习算法，首先标注训练样本（包括正例和反例），然后使用标注的样本学习分类器。分类器一旦生成其参数固定，将无法完成进一步的更新。基于离线学习的分类器在行人检测问题上存在以下两个问题。

（1）训练基于离线学习的分类器，需要标注大量的样本来覆盖行人姿态和纹理的变化。这些样本大多是通过手工标识得到的，标识样本是一项耗时且代价昂贵的工作。除了工作量巨大之外，人工标识的样本还无法保证样本的质量。因为训练分类器时，不同的样本对分类器性能的影响是不同的。只有使用那些接近决策面的信息含量丰富的训练样本才会大大提高分类器的性能，反之，使用距离决策面较远的训练样本对分类器的性能几乎没有什么改善。通常称位于决策面附近的样本为"困难"样本，也就是分类器难以识别的样本。在人工标注的过程中，通常很难人为地定义"困难"样本。

（2）基于离线学习生成的分类器能够很好地识别与其训练样本相似的目标，但是对于那些与其训练样本差别很大的特定场景、特定姿态的行人而言检测性能不太理想。离线学习得到的分类器无法完成自适应的更新操作，以适应新的场景和新的样本。一般要求对分类器的自适应更新代价要小，不能消耗大量的存储空间和训练时间。

因此，针对上述问题，研究具有增量学习能力的在线学习算法对于检测姿态多变和环境复杂的目标而言，具有迫切的实际应用需求。所谓的增量学习能力就是在现有分类器的基础上，根据新的样本来实现分类器性能的提升。整个训练过程无需存储大量的训练样本而减少计算机的存储量，并且也大大缩短了训练的时间。

近几年许多学者开始进行这方面的研究工作。如 Oza 等[72, 73]提出了基于 Adaboost 的在线学习算法，每个弱分类器根据当前的训练样本依次地完成在线更新，当前样本学习结束后不再保存，随着样本数目的增多，分类器的性能得到提高。Oza 在文章中还证明了对于相同的训练集，基于在线学习的 Adaboost 分类器，其性能渐进于离线方式得到的分类器。基于 Oza 的工作，很多学者在不同的方面进行了改进。如 Javed 等[115]将 Oza 的在线 Adaboost 算法与联合训练（co-training）框架相结合用于监控系统中的汽车和行人检测。联合训练（co-training）是由 Blum 等[116]提出的一种半监督学习模型，该算法独立地训练两个分类器，然后采用互助方式迭代地扩充带标记数据集并重新训练。Javed 基于"Adaboost 算法产生的弱分类器之间具有较强的独立性"这一前提，用部分弱分类器来标注样本，对于置信度较高的样本通过在线学习的方式来修改整个强分类器的参数。例如，Grabner 等[117]提出将在线学习的 Adaboost 算法与

特征选择相结合的在线特征选择方法，并将其应用于目标跟踪和背景建模等工作，通过实验，验证了其算法的有效性和实时性；Huang 等[74]提出基于 Domain-Partitioning 型弱分类器的 Real Adaboost 在线学习算法，并将其用于人脸检测，得到了良好的效果。

基于 Oza[72, 73]和 Grabner[117]的工作，本章提出了一种应用于行人检测的在线学习与检测框架，并通过实验验证了在线学习算法的有效性。本章第 1 节，首先介绍了在线学习算法的背景及其相关工作；第 2 节，阐述应用于行人检测的在线学习与检测框架；第 3 节，给出相关的实验结果和分析；最后第 4 节对本章内容进行总结。

7.2　基于 Adaboost 算法的在线学习和检测

7.2.1　基于在线学习的行人检测框架

基于在线学习的行人检测框架如图 7-1 所示。行人检测框架主要由基于 Adaboost 的在线学习模块和在线检测模块两部分组成，通过检测器（分类器）将两者紧密联系起来。

基于 Adaboost 的在线学习模块可以采取两种方式实现检测器的初始化：其一，首先以手工标注的行人和非行人样本为训练集，以在线或者离线学习的方式得到初始的检测器；其二，随机产生包含指定数目弱分类器的强分类器，以此作为初始的检测器。在线检测模块以当前的检测器作为输入信息，对指定的图片进行检测。检测完成，对检测结果进行分类，将错检的非行人样本和检测图片中漏检的行人样本输出到在线学习模块。在线学习模块根据每个训练样本对当前的检测器进行在线更新，每个训练样本学习结束后不再保存。交替执行在线学习和在线检测两个模块，随着训练样本数目的增多，检测器的性能得到显著提高。

框架中的行人和非行人样本，一部分是通过手工标注产生的；另外，通过框架的持续运行，可以自动生成大量的位于决策面附近的"困难"样本，使用这些样本来训练检测器，会大大提高检测器的性能。

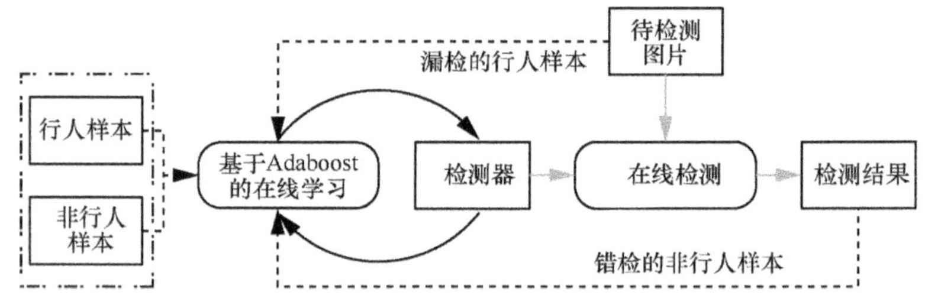

图 7-1　基于在线学习的行人检测框架

7.2.2　基于 Adaboost 的在线学习算法

所谓在线学习是一种与离线学习相对应的学习方法，指分类器的学习不是一次完成的，可以根据输入的样本随时调整分类器中的参数，使分类器总是反映到目前为止处理的所有样本的特征。根据在线学习的定义，可以看出离线学习和在线学习算法的主要区别是：离线学习算法使用所有的样本，一次性生成相应的分类器，分类器生成之后，其参数固定，不能进行更新；而在线学习算法是使用一个样本来修改分类器，可以通过不断地提供新的样本来逐渐地完善分类器的性能。

在介绍在线 Adaboost 算法之前，首先简单回顾一下基于离线学习的 Adaboost 算法，算法流程如下。

算法　离线学习的 Adaboost

{

输入：N 个样本 $(x_1, y_1), \cdots, (x_N, y_N)$ 及样本的一个权重分布 D（通常定义为均匀分布）；

初始化权重：$w_i^1 = D(i)$；

for $t = 1, \cdots, T$

计算归一化的样本权重 p^t；

$h_t = L_b(p^t)$；调用弱学习算法，根据样本的权重分布 p^t，得到弱分类器 $h_t : X \to [0,1]$

由样本的权重分布 p^t 计算弱分类器的误差 ε_t；

调整样本的权值；

计算弱分类器 h_t 的权系数 α_t；

end

输出最终分类器 $h_f(x) = \begin{cases} 1, & \displaystyle\sum_{t=1}^{T} \alpha_t h_t(x) \geqslant \frac{1}{2} \sum_{t=1}^{T} \alpha_t \\ 0, & \text{其他} \end{cases}$

}

其中，函数 $L_b(p^t)$ 指基于离线方式的弱分类器学习算法。从上述的算法流程可以看出，每次迭代过程中，Adaboost 学习算法需要以训练集样本的分布作为参数来得到弱分类器和计算相关的分类误差，然后基于分类误差来调整样本的权重。而获得训练集样本的分布情况对于在线学习而言是不现实的，为此，基于在线学习的 Adaboost 算法要解决的关键问题就是如何表达样本的分布情况。

基于离线学习的 Adaboost 算法中，样本的初始分布为均匀分布，归一化之后表示为：$p^1 = \dfrac{1}{N}$。使用弱学习算法获取弱分类器时，通常要根据样本的权重分布 p^1 对样本进行重采样（Resampling）操作，重采样就是在当前训练集中根据样本的权重分布 p^1 有放回地随机抽取 N 个样本，所以每个样本被抽取 K 次的概率为

$$P(K = k) = \binom{N}{k}\left(\frac{1}{N}\right)^k\left(1-\frac{1}{N}\right)^{N-k} \tag{7-1}$$

式（7-1）是一个二项分布。对于二项分布，当 $N \to \infty$ 时，式（7-1）趋近于 Poisson(λ=1) 分布

$$P(K = k) = \frac{\mathrm{e}^{-1}}{k!} \tag{7-2}$$

基于上述分析，就可以利用 Poisson(λ=1) 分布和二项分布之间的关系来很好地模拟弱学习算法中的重采样操作，式（7-2）与式（7-1）相比，去掉了与参数 N 之间的关系。这样，就确立了 Poisson(λ=1) 分布与样本的权重分布 p^1 之间的关系，在 Adaboost 在线学习算法的第一轮中，就可以直接根据 Poisson(λ=1) 来计算当前样本的学习次数，然后调用弱学习算法学习弱分类器。获取第一个弱分类器之后，根据弱分类器对当前样本的分类误差来调整 Poisson(λ) 分布的参数 λ，调整方式与离线方式相同。其中参数 λ 称为当前样本的学习率，当样本被当前弱分类器错分的时候，增加 λ，则学习下一个弱分类器时，对该样本的学习次数也相应地增加；反之，被正确分类时，则减少 λ。综上，在线学习的 Adaboost 算法通过引入 Poisson(λ) 分布来解决如何表达离线 Adaboost 算法中的样本权重分布问题。

下面从特征选择的角度来介绍在线 Adaboost 算法，首先引入选

择子（Selector）的概念。已知一包含 M 个弱分类器的集合 $H^{\text{weak}} = \{h_1^{\text{weak}}, h_2^{\text{weak}}, \cdots, h_M^{\text{weak}}\}$，选择子定义为

$$h^{\text{sel}}(x) = h_m^{\text{weak}}(x) \tag{7-3}$$

$$\text{s.t. } m = \arg\min_i \varepsilon_i \ i = 1, 2, \cdots, M$$

其中 ε_i 表示弱分类器 i 的误差。根据上述定义，可以将选择子定义为一个分类器，训练选择子分类器，首先训练（更新）集合 H^{weak} 中的每个弱分类器，然后选择误差最小的弱分类器作为选择子，以完成选择子的训练和更新过程。

按照特征选择的观点[118]，每个弱分类器与一个特征相对应，每个选择子具有一个包含 M 个特征的特征池，选择子分类器将从特征池中选择分类能力最强（分类误差最小）的特征。Adaboost 的在线学习算法就是利用当前样本来训练（更新）指定数目的选择子，最后将选择子的加权组合构成 Adaboost 的分类器。根据上述分析和定义，下面给出基于在线学习的 Adaboost 算法流程和算法如图 7-2 所示。

算法　在线学习的 Adaboost

{

输入：训练样本 $<x, y>$，$y \in \{0,1\}$；

初始化：最终的分类器 $h_f(x)$ 及权重系数 $\lambda_{n,m}^{\text{corr}} = 1$，$\lambda_{n,m}^{\text{wrong}} = 1$，

$n = 1, \cdots, N; m = 1, \cdots, M$，学习率 $\lambda = 1$；

　　for $n = 1, \cdots, N$ //对每个选择子

　　　　for $m = 1, \cdots, M$ //更新当前选择子 h_n^{sel}

　　　　　　$h_{n,m}^{\text{weak}} = L_o(h_{n,m}^{\text{weak}}, <x, y>, \lambda)$

　　　　　　if $(h_{n,m}^{\text{weak}}(x) = y)$

$$\lambda_{n,m}^{\mathrm{corr}} = \lambda_{n,m}^{\mathrm{corr}} + \lambda \; ;$$

else

$$\lambda_{n,m}^{\mathrm{wrong}} = \lambda_{n,m}^{\mathrm{wrong}} + \lambda \; ;$$

end if

$$\varepsilon_{n,m} = \frac{\lambda_{n,m}^{\mathrm{wrong}}}{\lambda_{n,m}^{\mathrm{wrong}} + \lambda_{n,m}^{\mathrm{corr}}} \tag{7-4}$$

end

$$m^{+} = \arg\min_{m}(\varepsilon_{n,m}) \; , \quad \Leftrightarrow \varepsilon_{n} = \varepsilon_{n,m^{+}} \; , \quad h_{n}^{\mathrm{sel}} = h_{n,m^{+}}^{\mathrm{weak}} \; ;$$

if $\quad (\; \varepsilon_{n} = 0 \, \| \, \varepsilon_{n} > 0.5 \;)$

   exit

end if

计算加权系数 $\alpha_{n} = \log\left(\dfrac{1 - \varepsilon_{n}}{\varepsilon_{n}}\right) \; ;$

if $\quad (\; h_{n}^{sel}(x) = y \;)$ //更新学习率 λ

$$\lambda = \lambda \frac{1}{2(1 - \varepsilon_{n})} \; ;$$

else

$$\lambda = \lambda \frac{1}{2\varepsilon_{n}} \; ;$$

end if

$$m^{-} = \arg\max_{m}(\varepsilon_{n,m}) \; , \quad \Leftrightarrow \lambda_{n,m^{-}}^{\mathrm{corr}} = 1 \; , \quad \lambda_{n,m^{-}}^{\mathrm{wrong}} = 1 \; , \quad 随机选取新的特$$

征替代 $h_{n,m^{-}}^{\mathrm{weak}} \; ;$

  end

最终输出的分类器：

$$h_f(x) = \begin{cases} 1, & \sum_{n=1}^{N} \alpha_n h_n^{\text{sel}}(x) \geqslant \dfrac{1}{2} \sum_{n=1}^{N} \alpha_n \\ 0, & \text{其他} \end{cases} \qquad （7\text{-}5）$$

}

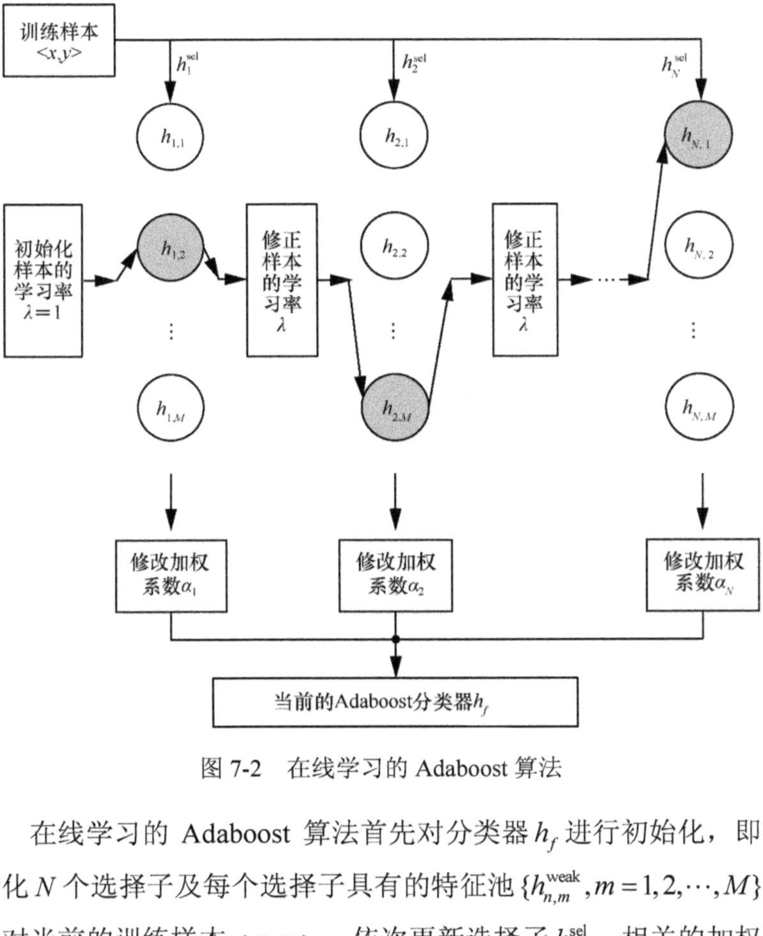

图 7-2　在线学习的 Adaboost 算法

在线学习的 Adaboost 算法首先对分类器 h_f 进行初始化，即初始化 N 个选择子及每个选择子具有的特征池 $\{h_{n,m}^{\text{weak}}, m=1,2,\cdots,M\}$。针对当前的训练样本 $<x,y>$，依次更新选择子 h_n^{sel}、相关的加权系数 α_n 和学习率 λ，$n=1,2,\cdots,N$。对选择子 h_n^{sel} 的更新首先是根据当

前样本的学习率 λ 对特征池中的弱分类器 $h_{n,m}^{\text{weak}}$ 进行更新（详细的更新算法 $L_o(h_{n,m}^{\text{weak}},<x,y>,\lambda)$ 见 7.2.3 节），然后选择具有最小分类误差的弱分类器作为当前的选择子。分类误差的计算如式（7-4）所示，其中 $\varepsilon_{n,m}$ 是第 n 个选择子的第 m 个弱分类器 $h_{n,m}^{\text{weak}}$ 的分类误差，$\lambda_{n,m}^{\text{corr}}$ 是目前为止所有被正确分类的样本的学习率之和，同理，$\lambda_{n,m}^{\text{wrong}}$ 是所有被错误分类的样本的学习率之和。选择子的更新结束后，计算选择子分类器的加权系数并修改当前样本的学习率 λ，如果样本被当前选择子正确分类，则减小学习率的数值，反之，则增加学习率的数值。另外，为了保证特征池中特征的多样性，在每次迭代结束时将随机选择一个特征来剔除特征池中分类性能最差的特征。

基于在线学习的 Adaboost 算法针对每个输入样本对所有 M 个选择子进行更新操作，最后得到的分类器如式（7-5）所示。

7.2.3　在线的弱分类器学习算法

本小节介绍在线的弱分类器学习算法 $L_o(h_{n,m}^{\text{weak}},<x,y>,\lambda)$。该算法的主要功能是根据当前的样本 $<x,y>$ 和学习率 λ 对弱分类器 $h_{n,m}^{\text{weak}}$ 进行在线更新。

首先介绍关于弱分类器的学习算法。通常可以采用决策树（Decision Tree）、简单决策树（Decision Stumps）和贝叶斯决策（Bayesian Decision）等几种方法来学习弱分类器，本书采用 Bayesian Decision 作为弱分类器的学习算法。

$$h_j^{\text{weak}}(x)=\begin{cases}1, & P(1|f_j(x))-P(0|f_j(x))>0\\0, & 其他\end{cases}\qquad(7\text{-}6)$$

其中，$f_j(x)$ 表示图像 x 关于弱分类器 h_j^{weak} 的特征值。关于特征，可以采用单一种类的特征，也可以采用多种类型的组合特征，本文使用 Viola[65]提出的标准 Haar-like 特征，并利用积分图像来加快特征的运算。

另外，采用高斯模型来估算正、负样本的概率分布。定义 (μ^+,σ^+) 和 (μ^-,σ^-) 为正、负样本的均值和标准差，根据贝叶斯判据，式（7-6）可以转换为

$$h_j^{\text{weak}}(x)=\begin{cases}1,&g(f_j(x)\,|\,\mu^+,\sigma^+)-g(f_j(x)\,|\,\mu^-,\sigma^-)>0\\0,&\text{其他}\end{cases}\tag{7-7}$$

针对在线学习算法的特点，可以采用 Kalman 滤波的方法来估算样本的均值和标准差。Kalman 滤波是"一个最优回归的数据处理算法"[119]，自 20 世纪 60 年代提出以来，便以其具有递推性、无需存储大量历史信息而减少计算机存储量、直接将系统状态方程和观测方程相结合、估计系统状态参数的同时又能直接给出估计精度等优点被广泛应用于各类问题[120]。

对于 Kalman 滤波，首先需要给出系统的状态方程和观测方程

$$x_k = Ax_{k-1} + Bu_k + w_k \tag{7-8}$$

$$z_k = Hx_k + v_k \tag{7-9}$$

其中，x_k 是 k 时刻的系统状态向量，u_k 是 k 时刻对系统的控制量。A 是系统的状态转移矩阵，B 是系统的控制参数矩阵。z_k 是 k 时刻的观测向量，H 是观测参数矩阵。w_k 和 v_k 分别表示状态变量噪声和观测变量噪声，均为高斯白噪声，其协方差矩阵分别为 Q 和 R。本文中待估计的特征均值和标准差是固定不变的，系统没有外部控制量。则系统的状态向量、状态转移矩阵和控制参数矩阵为

$$x=[\mu \quad \sigma]^{\text{T}};A=\begin{bmatrix}1&0\\0&1\end{bmatrix};B=0 \tag{7-10}$$

μ, σ 分别表示样本特征的均值和标准差。系统的观测方程中，观测向量和观测参数矩阵

$$z = f_j(x); \boldsymbol{H} = \begin{bmatrix} 1 & 1 \end{bmatrix} \qquad (7\text{-}11)$$

基于 Kalman 滤波方法的实时估计，就是一个反复进行的"预测—修正"循环，如图 7-3 所示。"预测"过程是利用 $k-1$ 时刻的系统状态预测 k 时刻的系统状态，"修正"过程则是利用 k 时刻的观测值对预测结果进行修正，得到系统状态的最优估计。

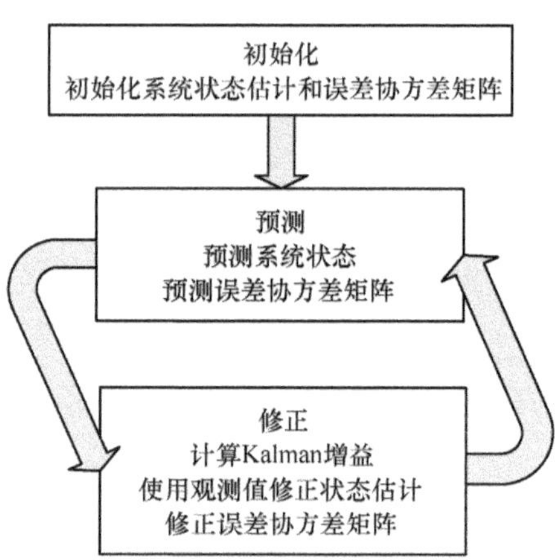

图 7-3 Kalman 滤波的循环过程

"预测"过程的计算公式为

$$\hat{\boldsymbol{x}}_k^- = \boldsymbol{A}\hat{\boldsymbol{x}}_{k-1} \qquad (7\text{-}12)$$

$$\boldsymbol{P}_k^- = \boldsymbol{A}\boldsymbol{P}_{k-1}\boldsymbol{A}^{\mathrm{T}} + \boldsymbol{Q} \qquad (7\text{-}13)$$

"修正"过程的计算公式为

$$\boldsymbol{K}_k = \boldsymbol{P}_k^- \boldsymbol{H}^{\mathrm{T}} (\boldsymbol{H}\boldsymbol{P}_k^- \boldsymbol{H}^{\mathrm{T}} + \boldsymbol{R})^{-1} \qquad (7\text{-}14)$$

$$\hat{\boldsymbol{x}}_k = \hat{\boldsymbol{x}}_k^- + \boldsymbol{K}_k(z_k - \boldsymbol{H}\hat{\boldsymbol{x}}_k^-) \qquad (7\text{-}15)$$

$$P_k = (I - K_k H)P_k^- \qquad (7\text{-}16)$$

其中，$\hat{x}_k^-$ 为系统状态在 k 时刻的先验估计，是根据 $k-1$ 时刻的系统状态计算得到的预测值；$\hat{x}_k$ 为 k 时刻的后验估计，是根据 k 时刻的观测结果 z_k 对 $\hat{x}_k^-$ 进行修正得到的最优估计；P_k^-、P_k 分别是先验和后验估计误差的协方差矩阵。K_k 为 k 时刻的 Kalman 增益。

综上，基于 Beysian Decision 和 Kalman 滤波的弱分类器在线学习算法描述如下。

算法　在线的弱分类器学习算法 $L_o(h_{n,m}^{\text{weak}}, <x,y>, \lambda)$

{

　　输入：样本 $<x,y>$；学习率 λ；弱分类器 $h_{n,m}^{\text{weak}}$；

　　$K = Poission(\lambda)$；

　　for $k = 1, \cdots, K$

　　按照 Kalman 滤波方法在线估算样本特征的均值和方差；

　　end

　　输出：据式（7-7）更新弱分类器 $h_{n,m}^{\text{weak}}$。

}

7.3　实验结果与分析

本小节实验的目的是为了说明上述行人检测框架下的行人检测器的性能与学习样本数目之间的关系，并进一步对基于在线学习的检测器与基于离线学习的检测器的性能进行比较。

7.3.1　数据集和相关参数的定义

离线、在线方式采用相同的数据集。训练集选择自行采集的行人图片共获得正例训练样本 2 000 个，反例样本 2 000 个。测试集的正例和反例样本都来自于 INRIA 数据库[84]，测试正例 1 126 个，测试反例 1 359 个，样本尺寸皆为 16×32。

在线 Adaboost 算法中选择子的个数 N 和特征池中包含特征的个数 M，可以在算法的检测性能与实时性之间折衷考虑。选择 $N=200$，$M=100$。另外，与 Kalman 滤波相关的参数定义如下：状态变量噪声的协方差矩阵初始化为 $\boldsymbol{Q}=\begin{bmatrix} 0.01 & 0 \\ 0 & 0.01 \end{bmatrix}$；观测变量噪声的协方差矩阵初始化为 $R=0.01$；误差协方差矩阵初始化为 $\boldsymbol{P}_0=\begin{bmatrix} 1\,000 & 0 \\ 0 & 1\,000 \end{bmatrix}$；初始状态为 $\boldsymbol{x}=[0\quad 0]^{\mathrm{T}}$。

7.3.2　实验结果

为了得到在线学习算法的性能随训练样本数目变化的规律，考察在线与离线学习算法性能之间的关系，本文设计了如下两组实验。

（1）基于在线 Adaboost 算法的实验

实验中首先随机初始化一检测器，并用该检测器对上述训练图片进行标识，接下来对标识的结果进行分类，以错分的非行人样本和漏检的行人样本在线更新行人检测器，并收集实验中产生的样本构造训练集。由于在线学习算法的性能与学习样本的顺序有关，所以基于上述的训练集，通过在线学习算法，训练 5 个检测器，每次随机地选取样本的顺序。然后对 5 个检测器在测试集上的检测结果求平均作为在线学习算法的性能比较参数。

（2）基于离线 Adaboost 算法的实验

为了方便比较，弱分类器学习算法采用 Bayesian Decision，算法通过反复迭代产生 200 个弱分类器，每轮迭代从随机产生的一个特征池中选择加权误差最小的弱分类器，特征池中包含的特征数为 $N \times M$（N, M 的定义见在线学习的 Adaboost 算法）。基于离线 Adaboost 算法共训练产生 8 个分类器，数据集与在线学习算法的数据集相同，训练样本数分别为 50，100，200，500，1 000，2 000，3 000，4 000（正例数目：反例数目＝1∶1）。

性能比较　衡量分类器的性能可以采用多种方式，如 ROC 曲线（Receive Operating Characteristic Curve）、DET 曲线、又如 Oza[72] 采用正确率作为系统性能的比较参数，Grabner[117] 使用 RPC 曲线（Recall Precision Curve）来衡量分类器的性能。本文采用 RPC 曲线来对检测器的性能进行比较。

RPC 曲线通常包含 3 个指标：精确度（Precision）、检测率（Recall）、F-度量（F-measure），三个指标分别定义为

$$precision = \frac{NumTruePositive}{NumTruePositive + NumFalsePositive} \tag{7-17}$$

$$recall = \frac{NumTruePositive}{NumPositive} \tag{7-18}$$

$$F\text{-}measure = \frac{2 \times recall \times precision}{recall + precision} \tag{7-19}$$

其中，$NumTruePositive$ 表示在正例样本集中检测为正例的样本数；$NumFalsePositive$ 表示在反例样本集中检测为正例的样本个数；$NumPositive$ 是正例样本集中包含样本的个数。F-度量是在精确度和检测率之间的一种折衷。

实验结果　针对在线学习算法得到如图 7-4 所示的 RPC 曲线，用来刻画检测器性能与样本数目之间的关系。从图中可以看出，检

测器的性能随着训练样本的增多得到不断的提高，尤其在样本数目低于 500 个时，检测器性能的提高尤其显著。图 7-5 所示为实际道路图像的检测结果，检测图 7-5（a）和图 7-5（b）分别是用 500、4 000 个样本训练的分类器的检测结果，从实验结果可以看出，4 000 个样本训练得到的检测器性能得到明显的改善。

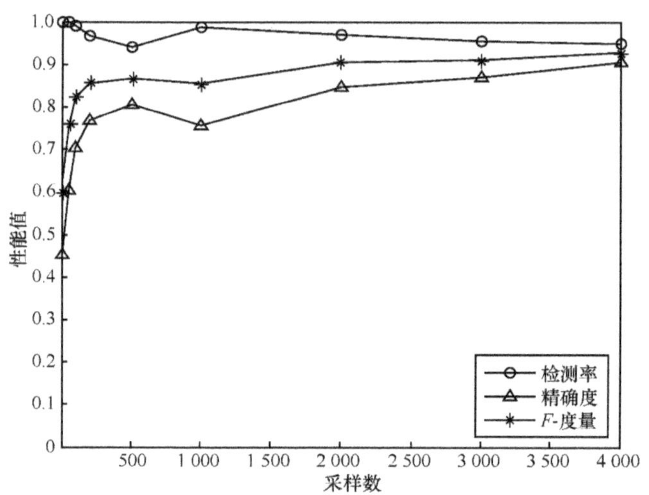

图 7-4　基于在线学习 Adaboost 的 RPC 曲线

(a) 基于 500 个样本训练的检测器的检测结果　(b) 基于 4 000 个样本训练的检测器的检测结果

图 7-5　在线学习 Adaboost 算法性能比较

　　除此，关于离线和在线学习算法的性能比较如图 7-6 所示。图中除标识了在线学习算法的 F-度量值之外，还标识了基于离线学习算法训练得到的 8 个分类器的 F-度量值，从图 7-6 中可以看出，在样本数目较少的时候，无论是基于离线还是基于在线学习，检测器的 F-度量值都比较低；增加学习样本的数目，开始在样本数目不是很多的情况下，基于离线学习的检测器性能优于基于在线学习的检测器；最后随着样本数目的不断增加，在线学习检测器的性能趋近于离线学习的检测器。

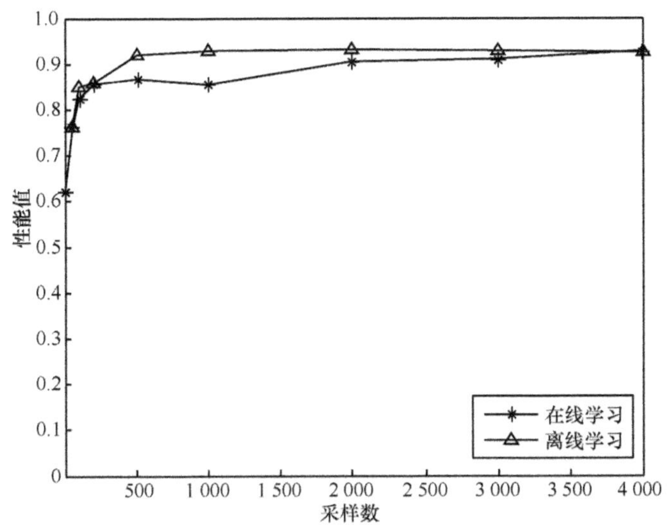

图 7-6　在线与离线 Adaboost 算法 RPC 比较

　　最后，关于学习时间的比较。基于离线学习算法的 8 个分类器，是根据不同数目的样本集，分别训练得到的，这也是离线学习算法的不足之处。假设通过学习已经获得了针对小样本的检测器，当样本数目增加时，不能对原来的分类器进行扩充，而只能根据新的数据集重新训练。8 个分类器中，以训练样本数目是 4 000 的分类器为例，其训练时间是 4 185 s。与离线学习算法不同，在线学习算法具有增量学习的能力，每次以一个样本为单位，对检测器进行更新操作。最终完成 4 000 个样本的学习时间是 147 s，与离线学习算法相比较，检测器的训练时间得到大幅减小。

7.4　本章小结

本章提出了一种应用于行人检测的在线学习与检测框架，该检测框架除了完成行人的在线检测之外，还可以通过对漏检行人样本和错检非行人样本的在线学习，不断提升检测器的性能。关于在线学习算法，提出了利用 Haar-like 特征和在线 Bayesian Decision 弱学习算法的 Adaboost 在线学习算法。最后通过实验对在线学习算法的有效性进行验证。实验结果表明，基于在线学习算法的检测器随着学习样本数目的增多，检测性能不断提高，当训练样本足够多时，其检测性能趋近于基于离线学习算法的检测器，并且大大减少了训练时间。

第 8 章

行人检测技术的研究成果及进一步工作

8.1　研究成果

基于单目视觉的行人检测是城市交通环境下智能汽车辅助导航技术中的一项关键技术，也是目前计算机应用领域的研究热点之一。它处于智能汽车辅助导航技术的底层，是各种后续高级处理如目标分类、行为理解等的基础，对于保障现代城市道路交通安全具有重要的作用。本文针对复杂城市交通环境下行人的安全问题，构建了一个基于单目视觉的行人检测系统。对相关的行人检测技术进行研究，取得了以下的研究成果。

（1）基于 Haar-like 特征和 Adaboost 的行人候选区域分割

提出了一种基于树形 Adaboost 算法和 Haar-like 特征的行人候选区域分割算法。根据 Haar-like 所提取的行人轮廓特征，利用了树形 Adaboost 算法的简单和高效，提取图像中可能存在行人的感兴趣区域，为下一步行人的识别提供输入信息。上述算法在保证较高检测率的前提下，可以快速地剔除大多数不包含行人的扫描窗口，得到相关的行人候选区域。实验表明，系统检测一幅 320×240 的图像，需要的时间仅为 14.940 2 ms。

（2）基于 mean shift 的多尺度检测融合

基于 Haar-like 特征和 Adaboost 的行人候选区域分割算法对目标图片进行扫描、分类处理后，会得到许多互相重叠的检测结果。数目较多的行人候选区域，会加重行人识别阶段的工作负担，因此需要在行人识别之前首先对分割产生的检测框进行合并。在分析了多尺度检测融合算法需要解决的问题和设计原则的基础上，将检测框的融合问题转化为基于窗函数的模型估计问题，提出了基于 mean shift 的多尺度检测融合算法，并通过引入重采样技术提高了检测融合算法的速度，相关实验结果验证了算法的有效性。

（3）基于改进 Shapelet 特征的行人识别

研究基于形状信息的行人识别算法，在分析现有的 Haar-like、Edgelet 特征和标准 Shapelet 特征集的基础上，对标准 Shaplelet 特征从子窗口的空间分布、归一化方法和底层特征的计算等几个方面进行扩展，相关实验的结果表明按照如下方式定义的 Shapelet 特征与标准 Shapelet 特征相比，提高了行人识别算法的检测性能：

①基于浓密的、多尺度的子窗口的空间分布（Shapelet_SML 特征集与 S_3 模式的子窗口跨度）；

②底层特征计算采用 G_5 滤波算子；

③基于子窗口的 L_1_norm 的归一化方式。

（4）基于部位的行人识别算法

针对复杂场景下行人之间、行人与其他障碍物之间的遮挡问题，将改进的 Shapelet 特征与子结构概念相结合，提出了一种基于部位集成的行人识别算法。首先将人体建模为头部、躯干、左臂、

右臂和腿部 5 个部位的自然组合，将对目标行人的检测分解为对 5 个部位的检测，每个部位检测器采用基于改进 Shaplelet 特征的检测方法。对于部位检测器的集成，引入子结构来刻画各部位之间的位置、尺度等几何约束。集成模型由若干个子结构构成，其中每个子结构包含多个部位检测器。当子结构中包含的所有部位检测器判断为正例并且各个部位之间满足子结构中定义的约束关系时，子结构就判定为正例。仅当有一个子结构判定为正例，集成检测器就判定该检测窗口为正例。

为了获得最优的集成方式，引入了覆盖集概念，在集成检测器的检测率与它的拓扑结构之间建立联系，并从理论上推导出集成检测器的检测率和虚警率。然后，采用随机搜索的方式从所有的子结构中选择满足覆盖集定义，并且具有最小虚警率的子结构组合来构建集成检测器。最后，采用马尔可夫随机场(MRF)理论来完成基于集成模型的行人检测任务。通过对实际道路图像和行人数据库标准图像的测试验证了算法的有效性和实用性。

（5）基于在线学习的行人检测

针对 Adaboost 离线学习算法的不足，提出了一种应用于行人检测的在线学习与检测框架，该检测框架除了完成行人的在线检测之外，还可以通过对漏检行人样本和错检非行人样本的在线学习，不断提升检测器的性能。关于在线学习算法，提出了利用 Haar-like 特征和在线 Bayesian Decision 弱学习算法的 Adaboost 在线学习算法。相关实验表明，基于在线学习算法的检测器随着学习样本数目的增多，检测性能不断提高，当训练样本足够多时，其检测性能趋近于基于离线学习算法的检测器，并且大大减少了训练时间。

8.2　进一步工作

由于受时间和研究条件的限制，尽管在行人检测方面已经做了大量的工作，提出了一些新的算法，但是距离一个顽健的、实时的行人检测系统还有一定的距离，还有许多后续工作值得研究。

（1）结合运动信息的行人检测

本文行人检测的工作主要是依据行人的形状信息。除此，行人的运动信息也是人体区别于背景和其他障碍物的重要信息。如果能够在现有的形状信息的基础上，进一步扩充行人的运动信息来增强行人的检测，必然会获得更好的检测效果。

（2）结合跟踪技术的行人检测

基于视觉的行人跟踪以单帧图像的行人检测为基础，在后续的视频序列中需要重复地检测行人以校验跟踪和维持跟踪持续进行。跟踪不但可以提供行人的运动轨迹，也为行人的检测和识别提供了先验知识，是提高系统实时性的重要手段。

（3）具有主动学习能力的行人检测

主动学习是以增量学习为基础，通过完全自主方式选择对学习过程最有用的样本来学习分类器，以加快学习过程并提高分类器的准确性，同时减少学习的样本数目。具有主动学习能力的行人检测系统可以根据场景的变化，自适应地修正分类器参数。

（4）进一步对行人运动的分析与理解

将行人的检测和跟踪与行人运动的分析与理解相结合。

目前，基于复杂城市交通环境的行人检测技术的研究方兴未艾，还有许多相关的技术值得我们研究。行人检测技术是保障现代城市道路交通安全，尤其是行人安全的重要手段。相信随着研究的深入和科技水平的进步，行人检测技术的研究将具有更加广泛的应用前景。

参考文献

[1] 纪寿文, 王荣本. 国内外智能车辆研究进展[C]//中国交通研究与探索(上册). 第三届全国交通领域青年学者会议. 1999.

[2] 布洛基. 智能车辆——智能交通系统的关键技术[M]. 北京: 人民交通出版社. 2002.

[3] 徐友春, 王荣本. 世界智能车辆近况综述[J]. 汽车工程, 2001, 23(5): 289-295.

[4] 中华人民共和国统计局. 中华人民共和国 2006 年国民经济和社会发展统计公报[R].2008.

[5] 中华人民共和国公安部. 2007 年全国道路交通事故情况[R].2008.

[6] BISHOP R. A survey of intelligent vehicle applications worldwide[C]//The IEEE Intelligent Vehicles Symposium. 2000: 25-30.

[7] SOLDER U, GRAEFE V. Visual detection of distant objects[C]// International Conference on Intelligent Robots and Systems. 1993: 1042-1049.

[8] LUTZELER M E D. Road recognition with MarVEye[C]//The IEEE Intelligent Vehicles Symposium. 1998: 341-346.

[9] EFENBERGER W, TSINAS L, GRAEFE V,et al. Automatic recognition of vehicles approaching from behind[C]//The IEEE Intelligent Vehicles Symposium. 1992: 57-62.

[10] TOULMINET G, BERTOZZI M, MOUSSET S, et al. Vehicle detection by means of stereo vision-based obstacles features extraction and monocular pattern analysis[J]. IEEE Transactions on Image Processing, 2006, 15(8): 64-75.

[11] BERTOZZI M, BROGGI A, FASCIOLI A, et al. Stereo vision-based vehicle detection[C]//The IEEE Intelligent Vehicles Symposium. 2000: 39-44.

[12] BERTOZZI M, FASCIOLI A, BROGGI A. Performance analysis of a low-cost solution to vision-basedobstacle detection[C]//IEEE/IEEJ/JSAI International Conference on Intelligent Transportation Systems. 1999: 350-355.

[13] ZHAO L, THORPE C E. Stereo-and neural network-based pedestrian detection[J]. IEEE Transactions on Intelligent Transportation Systems, 2000, 1(3): 148-154.

[14] FUJIMOTO K. A study on pedestrian detection technology using stereo images[C]//JSAE Annual Congress. 2001: 15-18.

[15] 李克强, 侯德藻. 中国智能交通系统 (ITS) 与智能汽车技术发展概况[J]. 汽车情报, 2002(25): 23-28.

[16] TSUGAWA S, YATABE T, HIROSE T, et al. An automobile with artificial intelligence[C]//The Sixth Joint Conference Artificial Intelligence. 1979: 893-895.

[17] DICKMANNS E D. The development of machine vision for road vehicles in the last decade[C]//The IEEE Intelligent Vehicles Symposium. 2002: 268-281.

[18] [EB/OL].http: //www.ri.cmu.edu.

[19] CHUN W, FAULCONER J W, MUNKEBY S. UGV Demo II reuse technology for AHS[C]//The IEEE Intelligent Vehicles Symposium. 1995: 247-252.

[20] JAMES S A. A refence model architecture for design and implementation of intelligent control in large and complex systems[J]. International Journal of Intelligent Control and Systems, 1996,1(1): 15-30.

[21] BELLUTTA P, MANDUCHI R, MATTHIES L, et al. Terrain perception for DEMO III[C]//The IEEE Intelligent Vehicles Symposium. 2000: 326-331.

[22] DICKMANNS E D, GRAEFE V. Dynamic monocular machine vision[J]. Machine Vision and Applications, 1988, 1(4): 223-240.

[23] DICKMANNS E D. An integrated approach to feature based dynamic

vision[C]//IEEE Conference on Computer Vision and Pattern Recognition. 1988: 820-825.

[24] BERTOZZI M, BROGGI A. GOLD: a parallel real-time stereo vision system for generic obstacle and lane detection[J]. IEEE Transactions on Image Processing, 1998,7(1): 62-81.

[25] BROGGI A, BERTOZZI M, FASCIOLI A. Self-calibration of a stereo vision system for automotive applications[C]//IEEE International Conference on Robotics and Automation. 2001: 3698-3703.

[26] GAVRILA D M, GIEBEL J , MUNDER S, et al. Vision-based pedestrian detection: the PROTECTOR system[C]//The IEEE Intelligent Vehicles Symposium. 2004: 13-18.

[27] MARCHAL P. SAVE-U: sensors and system architecture for vulnerable road users protection[C]//Bruxelles: ADASE II-3rd Concertation meeting. 2004: 19-20.

[28] MEINECKE M M, OBOJSKI M A, TONS M, et al. SAVE-U: first experiences with a pre-crash system for enhancing pedestrian safety[C]// The 5th Europe Congress Intellegent Transport. 2005.

[29] [EB/OL].http: //www.ahsra.or.jp.

[30] [EB/OL].http: //www.thmr.com.

[31] 张朋飞, 艾海舟. 高速公路车道线的快速检测跟踪算法[J]. 机器人, 1999,21(7): 579-587.

[32] 艾海舟, 张朋飞. 室外移动机器人的视觉临场感系统[J]. 机器人, 2000,22(1): 28-32.

[33] 张朋飞. 室外高速移动机器人视觉导航技术的研究[D].北京: 清华大学计算机系,2002.

[34] 张朋飞, 何克忠. 多功能室外智能移动机器人实验平台——THMR-V[J]. 机器人, 2002,24(2): 97-101.

[35] 李兵, 何克忠, 张朋飞, 等. 自主轮式机器人 THMR-V 的混合模糊逻辑控制[J]. 机器人, 2003，25(6): 539-543.

[36] 孙振平, 安向京. CITAVT-IV——视觉导航的自主车[J]. 机器人, 2002, 24(002): 115-121.

[37] 孙振平. 自主驾驶汽车智能控制系统[D].长沙: 国防科学技术大学,2004.

[38] 常好丽, 史忠科. 基于单目视觉的运动行人检测与跟踪方法[J].交通运输工程学报, 2006：6(2): 55-59.

[39] CHENG H, ZHENG N, QIN J. Pedestrian detection using sparse gabor filter and support vector machine[C]//The IEEE Intelligent Vehicles Symposium. 2005: 583-587.

[40] 郭烈, 王荣本, 金立生,等. 基于边缘对称性的车辆前方行人检测方法研究[J]. 交通与计算机, 2007,25(1): 40-43.

[41] STEIN G P, MANO O, SHASHUA A. A robust method for computing vehicle ego-motion[C]//Proceedings of the IEEE Intelligent Vehicles Symposium. 2000: 362-368.

[42] HEISELE B, WOEHLER C. Motion-based recognition of pedestrians[C]// The Fourteenth International Conference on Pattern Recognition. 1998: 1325-1330.

[43] BREGLER C. Learning and recognizing human dynamics in video sequences[C]//IEEE Conference on Computer Vision and Pattern Recognition. 1997: 568–574.

[44] SHASHUA A, GDALYAHU Y, HAYUN G. Pedestrian detection for driving assistance systems: single-frame classification and system level performance[C]// The IEEE Intelligent Vehicles Symposium. 2004: 1-6.

[45] MARR D. Vision: a computational investigation into the human representation and processing of visual information[M]. New York: Henry Holt and Company, 1982.

[46] LIU X,FUJIMURA K. Pedestrian detection using stereo night vision[J]. IEEE Transactions on Vehicular Technology, 2004, 53(6): 1657-1665.

[47] BROGGI A,BERTOZZI M, FASCIOLI A, et al . Shape-based pedestrian detection[C]//The IEEE Intelligent Vehicles Symposium. 2000: 215-220.

[48] CURIO C, EDELBRUNNER J, KALINKE T, et al. Walking pedestrian recognition[J]. IEEE Transactions on Intelligent Transportation Systems, 2000, 1(3): 155-163.

[49] XU F, LIU X, FUJIMURA K. Pedestrian detection and tracking with night vision[J]. IEEE Transactions on Intelligent Transportation Systems, 2005, 6(1): 63-71.

[50] BERTOZZI M, BROGGI A, FASCIOLI A, et al. Pedestrian detection for driver assistance using multiresolution infrared vision[J]. IEEE Transactions on Vehicular Technology, 2004,53(6): 1666-1678.

[51] BERTOZZI M, BROGGI A, LASAGNI A, et al. Infrared stereo vision-based pedestrian detection[C]// IEEE Intelligent Vehicles Symposium. 2005: 24-29.

[52] 贾慧星, 章毓晋. 车辆辅助驾驶系统中基于计算机视觉的行人检测研究综述[J]. 自动化学报, 2007,33(1): 84-90.

[53] POLANA R, NELSON R C. Detection and recognition of periodic, nonrigid motion[J]. International Journal of Computer Vision, 1997, 23(3): 261-282.

[54] FUJIYOSHI H,LIPTON A. Real-time human motion analysis by image skeletonization[C]//The Fourth IEEE Workshop on Applications of Computer Vision. 1998: 15–21.

[55] CUTLER R, DAVIS L S. Robust real-time periodic motion detection, analysis, and applications[J]. IEEE Transactions on Pattern Analysis and Machine Intelligence, 2000,22(8): 781-796.

[56] WOHLER C, KRESSEL U, ANLAUR J K. Pedestrian recognition by classification of image sequences global approaches vs. local spatio-temporal processing[C]//The 15th International Conference on Pattern Recognition. 2000: 540-544.

[57] GAVRILA D M. Pedestrian detection from a moving vehicle[C]//The 6th European Conference on Computer Vision. 2000: 37-49.

[58] BEYMER D,KONOLIGE K. Real-time tracking of multiple people using continuous detection[C]//The International Conference on Computer Vision.

1999.

[59] 韩力群. 人工神经网络理论, 设计及应用[M]. 北京: 化学工业出版社. 2002.

[60] SZARVAS M, YOSHIZAWA A, YAMAMOTO M, et al. Pedestrian detection with convolutional neural networks[C]//The IEEE Intelligent Vehicles Symposium. 2005: 224-229.

[61] 张学工. 统计学习理论的本质[M]. 北京: 清华大学出版社,2000.

[62] MOHAN A, PAPAGEORGIOU C, POGGIO T. Example-based object detection in images by components[J]. IEEE Transactions on Pattern Analysis and Machine Intelligence, 2001, 23(4): 349-361.

[63] DALAI N, TRIGGS B, RHONE-ALPS I, et al. Histograms of oriented gradients for human detection[J]. IEEE Conference on Computer Vision and Pattern Recognition, 2005, 1: 886-893.

[64] MIT database[EB/OL]. http: //cbcl.mit.edu/software-datasets/PedestrianData. html.

[65] VIOLA P, JONES M J. Rapid object detection using a boosted cascade of simple features[C]//IEEE Conference on Computer Vision and Pattern Recognition. 2001: 511-518.

[66] VIOLA P, JONES M J, SNOW D. Detecting pedestrians using patterns of motion and appearance[J]. International Journal of Computer Vision, 2005, 63(2): 153-161.

[67] WU B, NEVATIA R. Detection of multiple, partially occluded humans in a single image by bayesian combination of edgelet part detectors[C]//IEEE International Conference on Computer Vision. 2005: 90-97.

[68] LOWE D G. Distinctive image features from scale-invariant keypoints[J]. International Journal of Computer Vision, 2004,60(2): 91-110.

[69] MIKOLAJCZYK K, SCHMID C, ZISSERMAN A. Human detection based on a probabilistic assembly of robust part detectors[C]//The 8th European Conference on Computer Vision. 2004: 69-82.

[70] ZHU Q, YEH M C, CHENG K T, et al. Fast human detection using a cascade of histograms of oriented gradients[C]//IEEE Conference on Computer Vision and Pattern Recognition. 2006: 1491-1498.

[71] TAX D M J, LASKOV P. Online SVM learning: from classification to data description and back[C]//IEEE 13th Workshop on Neural Networks for Signal Processing. 2003: 499-508.

[72] OZA N C. Online bagging and boosting[C]//The IEEE International Conference on Systems, Man and Cybernetics. 2005: 2340-2345.

[73] OZA N C. Online ensemble learning[D].California: University of California, 2001.

[74] HUANG C, AI H, YAMASHITA T. et al. Incremental learning of boosted face detector[C]// IEEE 11th International Conference on Computer Vision. 2007: 1-8.

[75] LIENHART R, MAYDT J. An extended set of Haar-like features for rapid object detection[C]//The International Conference on Image Processing. 2002: 900-903.

[76] LIENHART R, LIANG L, KURANOV A. A detector tree of boosted classifiers for real-time object detection and tracking[C]//The International Conference on Multimedia and Expo. 2003: 277-280.

[77] VALIANT L G. A theory of the learnable[M]: New York: ACM Press New York, 1984.

[78] KEARNS M J, VAZIRANI L G. Learning Boolean formulae or finite automata is as hard as factoring[R].Technical ReportTR-14-88,Harvard University Aiken Computation Laboratory,1988.

[79] KEARNS M, VALIANT L. Cryptographic limitations on learning Boolean formulae and finite automata[M]// Machine Learning: From Theory to Applications. Springer Berlin Heidelberg, 1993: 67-95.

[80] SCHAPIRE R E. The strength of weak learnability[J]. Machine Learning, 1990, 5(2): 197-227.

[81]   FREUND Y. Boosting a weak learning algorithm by majority[J]. Information and Computation, 1995, 121(2): 256-285.

[82]   FREUND Y, SCHAPIRE R E. A desicion-theoretic generalization of on-line learning and an application to boosting[C]//The Computational Learning Theory: Second European Conference. 1995: 23-37.

[83]   SCHAPIRE R E, SINGER Y. Improved boosting algorithms using confidence-rated predictions[J]. Machine Learning, 1999, 37(3): 297-336.

[84]   Inria database[EB/OL]. http: //lear.inrialpes.fr/data.

[85]   PAPAGEORGIOU C, POGGIO T. A trainable system for object detection[J]. International Journal of Computer Vision, 2000,38(1): 15-33.

[86]   FLEURET F, GEMAN D. Coarse-to-fine face detection[J]. International Journal of Computer Vision, 2001, 41(1): 85-107.

[87]   ROWLEY H A, BALUJA S, KANADE T. Neural network-based face detection[J]. IEEE Transactions on Pattern Analysis and Machine Intelligence, 1998,20(1): 23-38.

[88]   SCHNEIDERMAN H, KANADE T. Statistical method for 3 D object detection applied to faces and cars[C]//IEEE Conference on Computer Vision and Pattern Recognition. 2000: 746-751.

[89]   VIOLA P, JONES M J. Robust real-time face detection[J]. International Journal of Computer Vision, 2004, 57(2): 137-154.

[90]   FUKUNAGA K, HOSTETLER L. The estimation of the gradient of a density function, with applications in pattern recognition[J]. IEEE Transactions on Information Theory, 1975, 21(1): 32-40.

[91]   CHENG Y. Mean shift, mode seeking, and clustering[J]. IEEE Transactions on Pattern Analysis and Machine Intelligence, 1995, 17(8): 790-799.

[92]   COMANICIU D, MEER P. Mean shift: a robust approach toward feature space analysis[J]. IEEE Transactions on Pattern Analysis and Machine Intelligence, 2002, 24(5): 603-619.

[93]   GUO H, GUO P, LU H. A fast mean shift procedure with new iteration

strategy and re-sampling[C]//IEEE International Conference on Systems, Man and Cybernetics. 2006: 2385-2389.

[94] SABZMEYDANI P, MORI G. Detecting pedestrians by learning shapelet features[J]. IEEE Conference on Computer Vision and Pattern Recognition, 2007: 1-8.

[95] 章毓晋. 图像工程 (中册) 图像分析[M]. 北京: 清华大学出版社. 2005.

[96] HARRIS C, STEPHENS M. A combined corner and edge detector[C]//The 4th Alvey Vision Conference. 1988: 147-151.

[97] OSUNA E, FREUND R, GIROSI F. Training support vector machines: an application to face detection[C]//The IEEE Conference on Computer Vision and Pattern Recognition. 1997: 130-136.

[98] DAI C, ZHENG Y, LI X. Layered representation for pedestrian detection and tracking in infrared imagery[C]//IEEE Conference on Computer Vision and Pattern Recognition. 2005: 13-20.

[99] DAI S, YANG M, WU Y, et al. Detector ensemble[C]//IEEE Conference on Computer Vision and Pattern Recognition. 2007: 1-8.

[100] FERGUS R, PERONA P, ZISSERMAN A. Object class recognition by unsupervised scale-invariant learning[C]//IEEE Conference on Computer Vision and Pattern Recognition. 2003: 264-271.

[101] AGARWAL S, AWAN A. Learning to detect objects in images via a sparse, part-based representation[J]. Learning, 2004,26(11): 1475-1490.

[102] FERGUS R, PERONA P, ZISSERMAN A. A sparse object category model for efficient learning and exhaustive recognition[C]//IEEE Conference on Computer Vision and Pattern Recognition. 2005: 380-387.

[103] IOFFE S, FORSYTH D. Mixtures of trees for object recognition[C]//IEEE Conference on Computer Vision and Pattern Recognition. 2001: 180-185.

[104] RANGARAJAN A, COUGHLAN J, YUILLE A L. A Bayesian network framework for relational shape matching[C]//The Ninth IEEE International Conference on Computer Vision. 2003: 671-678.

[105] LI Y, TSIN Y, GENC Y, et al. Object detection using 2D spatial ordering constraints[C]//IEEE Conference on Computer Vision and Pattern Recognition. 2005: 711-718.

[106] SONG Y, FENG X, PERONA P. Towards detection of human motion[J]. IEEE Conference on Computer Vision and Pattern Recognition, 2000: 722-728.

[107] CRANDALL D, FELZENSZWALB P, HUTTENLOCHER D. Spatial priors for part-based recognition using statistical models[C]//IEEE Conference on Computer Vision and Pattern Recognition. 2005: 10–17.

[108] FELZENSZWALB P F, HUTTENLOCHER D P. Pictorial structures for object recognition[J]. International Journal of Computer Vision, 2005, 61(1): 55-79.

[109] ZHANG D Q, CHANG S F. A generative-discriminative hybrid method for multi-view object detection[C]//IEEE Conference on Computer Vision and Pattern Recognition. 2006: 2017-2024.

[110] GORDON D M, KUPERBERG G, PATASHNIK O. New constructions for covering designs[J]. Journal of Combinatorial Designs, 1995,3(4): 269–284.

[111] LI S Z. Markov random field modeling in image analysis[M]. New York: Springer-Verlag, 2001.

[112] HAMMERSLEY J M, CLIFFORD P. Markov fields on finite graphs and lattices[DB/OL].http: //www.citeulike.org/group/14833/article/8970271.

[113] GEMAN S, GEMAN D. Stochastic relaxation, Gibbs distributions, and the Bayesian restoration of images[J]. IEEE transactions on pattern analysis and machine intelligence, 1984, 6(6): 721-741.

[114] GOLBERG D E. Genetic algorithms in search, optimization, and machine learning[M]. Addison-Westey, Readomg,1989.

[115] JAVED O, ALI S, SHAH M. Online detection and classification of moving objects using progressively improving detectors[C]//IEEE Conference on Computer Vision and Pattern Recognition. 2005: 696-701.

[116] BLUM A, MITCHELL T. Combining labeled and unlabeled data with co-training[C]//The Eleventh Annual Conference on Computational Learning Theory. 1998: 92-100.

[117] GRABNER H, BISCHOF H. Online boosting and vision[C]//IEEE Conference on Computer Vision and Pattern Recognition. 2006: 260–267.

[118] TIEU K, VIOLA P. Boosting imager retrieval[J]. International Journal of Computer Vision, 2004, 56(1): 17-36.

[119] WELCH G. An Introduction to the Kalman Filter[EB/OL]. http://www.cs.unc.edu/~welch/kalman/kalmanIntro.html.

[120] 汪颖进, 张桂林. 新的基于 Kalman 滤波的跟踪方法[J]. 红外与激光工程, 2004,33(5): 505-508.

9 7 8 7 1 1 5 4 7 4 7 3 5